archiprix 2017

De beste Nederlandse afstudeerplannen
Architectuur, stedenbouw en landschapsarchitectuur /
The Best Dutch Graduation Projects
Architecture, Urbanism and Landscape Architecture

nai010 publishers, Rotterdam 2017

Inhoudsopgave
Contents

007 **Voorwoord /** Foreword

009 **Plannen /** Projects

076 **Eervolle vermeldingen /** Honourable mentions

088 **Eerste prijs /** First prize

095 **Juryrapport /** Jury report

109 **Winnaars /** Winners

110 **Colofon /** Credits

108 **Archiprix 2017**

010 Het huis van de Stad / House of the City
Ramon Scharff

013 All for one, or one for all?
Shea McGibbon

022 Drawing on spatial and social experience
Moniek Kamphuis

025 Foreshore
*Sidney van Well,
Niek van de Calseijde,
Nicky Kouwenberg*

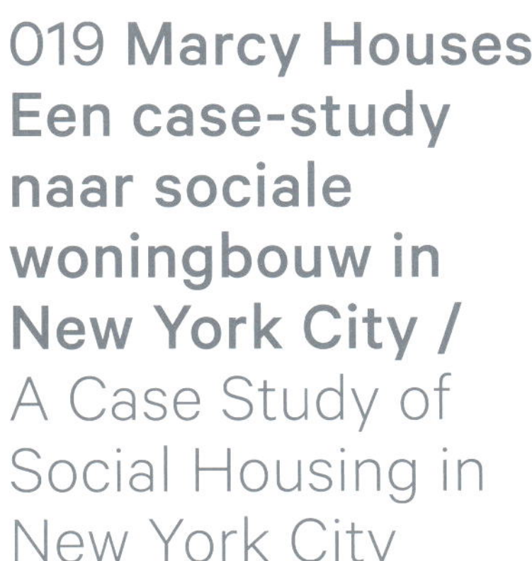

019 Marcy Houses Een case-study naar sociale woningbouw in New York City / A Case Study of Social Housing in New York City
Hans Maarten Wikkerink

016 Responsive land
Sander Hermens

028 Cooperative Commons
*Valentina Bençic
Yoana Yordanova*

031 **At the Edge —
of the Land,
of the Ocean,
of Change**
Marit Noest

034 **A Bigger
Wall — frames of
Addis Ababa**
Andrea Migotto

037 **Frame-
of-frames**
Maria Alexandrescu

040 **Inclusive
Hackney**
Barend Mense

043 **Nieuw Leven
voor de Dood /**
New Life for Death
Michael van Bergen

046 **Parkway
Drive**
Jan Willem Terlouw

Inhoudsopgave _ Contents

049 **Patchwork**
Manon Deijkers

061 **Subtractive Affinities**
Dirk van der Meij

052 **De school binnenste buiten /** The school inside out
Nina Schouwman

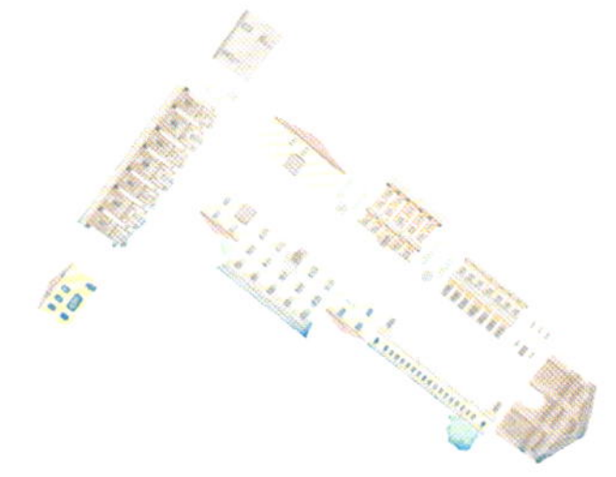
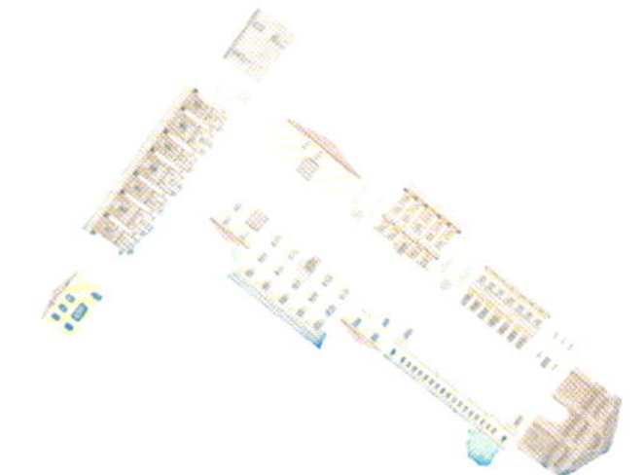

064 **Het spel van de architectonische grammatica /** The Play of Architectural Grammar
Leonie van Buuren

055 **Roseform**
Martins Duselis

058 **Tour de Curiosité**
Nadine Nievergeld

067 **Voor altijd op reis /** A Journey for All Time
Sweder Spanjer

070 **The Isolated Landscape and the Manmade**
Aidan Conway

073 **De Steenfabriek: een deconstructie /**
Brickworks:
A Deconstruction
Steffie de Gaetano

084 **Ivalo River Sandbanks**
Laura Langridge

080 **Hommage au Borinage**
Giel Sengers

076 **A home for the displaced**
Anneloes de Koff

088 **Design & Build: van landschap tot daklandschap /**
From Landscape to Roofscape
Laura Strähle
Ellen Rouwendal

Inhoudsopgave _ Contents

Archiprix Nederland, de basis van een internationaal netwerk

Archiprix is in de loop van haar bestaan veranderd van een puur nationaal initiatief tot een internationaal netwerk. Wat niet veranderde is de formule; Archiprix presenteert het beste afstudeerwerk van de masteropleidingen op het gebied van de architectuur, stedenbouw en landschapsarchitectuur. Wat ook niet veranderde is de inspirerende werking die uitgaat van het excellente afstudeerwerk en het feit dat veel van de Archiprix deelnemers later deel uitmaken van de avant garde van de vakgebieden. Wat wel veranderde is de reikwijdte van de activiteiten. Zo organiseert de stichting Archiprix naast de Archiprix Nederland de mondiale Archiprix International waarvoor elke opleiding ter wereld wordt uitgenodigd het beste afstudeerplan in te sturen. Daarnaast stimuleert Archiprix nationale of regionale Archiprix initiatieven over de hele wereld. Zo is er inmiddels naast de Nederlandse Archiprix sprake van een Archiprix Turkije (sinds 1996), Italië (sinds 2008), Chili, Rusland, Portugal, Centraal Europa (sinds 2013), Spanje (sinds 2015), de Balkan, Duitsland en India (vanaf 2017) en is de Archiprix Argentinië in oprichting. De combinatie van nationale Archiprixs en de Archiprix International is bijzonder vruchtbaar. Zo levert het bijvoorbeeld de deelnemers een internationaal perspectief, óók de deelnemers van de nationale Archiprixs. Dankzij de status die de naam Archiprix inmiddels wereldwijd heeft betekent deelname aan Archiprix een goede introductie in het beroepsveld, nationaal én wereldwijd.

Daarnaast is ook het karakter van de nationale Archiprix sterk veranderd. Was de Archiprix Nederland aanvankelijk in alle opzichten een nationale aangelegenheid, in de loop van de tijd is dat drastisch veranderd. Was er in de beginjaren sprake van bijna alleen maar Nederlandse afstudeerders aan de Nederlandse opleidingen, nu is het aandeel buitenlandse studenten opgelopen tot ongeveer een derde. De interesse voor afstudeerlocaties in het buitenland is spectaculair gegroeid. Was het in de beginjaren nog een enkel exotisch afstudeerproject op een buitenlandse locatie, in deze editie van de Archiprix Nederland is voor het eerst een meerderheid van de plannen ontworpen voor een buitenlandse locatie. Kortom, niet alleen is de context veranderd, het Nederlandse onderwijs is ook zelf fundamenteel internationaal georiënteerd geraakt. Die ontwikkelingen worden gereflecteerd in de ontwikkeling van Archiprix.

In dit boek brengen we het excellente werk van de jongste lichting talentvolle ontwerpers voor het voetlicht. Uiteraard wensen we u als lezer veel plezier met het verkennen van het beste afstudeerwerk van het afgelopen jaar en brengen we u graag in contact met de ontwerpers die in de toekomst de ruimtelijke omgeving karakter en kwaliteit bezorgen.

Jacob van Rijs
Voorzitter Archiprix

Archiprix Netherlands, the basis of an international network

Over the years, Archiprix has changed from a purely national initiative into an international network. One thing that hasn't changed is the formula: Archiprix continues to present the best graduation work from the Master's programmes in architecture, urban design and landscape architecture. Another thing that hasn't changed is the inspirational effect of this first-rate work and the fact that many of Archiprix's participants later become part of the avant-garde in their fields. What has changed, though, is the scope of its activities. In addition to Archiprix Netherlands, the Archiprix Foundation now organizes Archiprix International, which invites universities across the globe to each submit their best graduation project. Archiprix also stimulates national or regional Archiprix initiatives all over the world. The result is that these days Archiprix Netherlands shares the spotlight with Archiprix competitions in Turkey (since 1996), Italy (since 2008), Chile, Russia, Portugal and Central Europe (since 2013), Spain (since 2015) and the Balkans, Germany and India (from 2017), with an Argentine Archiprix in the make. The combination of national Archiprix competitions and Archiprix International has been hugely beneficial. For one thing, it gives those taking part an international perspective, including the national Archiprix entrants. It is thanks to the status that the name Archiprix now enjoys worldwide that participation in Archiprix constitutes a first-rate introduction to the professional field nationally and internationally.

The nature of the national Archiprix has changed too. If Archiprix Netherlands was once almost entirely a national affair in all respects, this has changed dramatically over time. If in the early years almost all graduates at the Dutch institutions were from the Netherlands, the number of foreign students has now increased to roughly a third. The interest in foreign sites for graduation projects has grown explosively. If the first years saw only the occasional exotic graduation project at a foreign location, in this edition of Archiprix Netherlands for the first time the majority of projects are sited abroad. In short, not only has the context changed but also education in the Netherlands has become fundamentally oriented to the world at large. These developments are reflected in the evolution of Archiprix.

In the pages of this book, we bring to your attention the excellent work of the latest batch of talented designers in the making. Naturally we wish you, the reader, great pleasure in making the acquaintance of the best graduation work of the past year and take great pleasure ourselves in introducing you to the designers who are to give character and quality to our spatial environment in the future.

Jacob van Rijs
Chairman of Archiprix

 Deze afstudeeropdracht is een historisch, bouwkundig, ruimtelijk en ontwerpend onderzoek naar de mogelijkheden van het Paleis op de Dam met als doel het paleis weer ruimtelijk onderdeel te maken van de stad en het terug te geven aan haar inwoners. This graduation assignment is a historical, architectural and spatial research-by-design study into the potentials of the Royal Palace on Dam Square, whose aim is to reinstate the palace as a spatial component of Amsterdam and return it to its citizens.

01

02

03

04

05

06

01 **Woning van de koning** / The King's residence
02 **Voedselbank krattenbalie begane grond** / Food bank pick-up counter, ground floor
03 **Nachtwacht terug op de derde verdieping** / The Night Watch back on the third floor
04 **Voedselbank begane grond** / Food bank, ground floor
05 **Paleis op de Dam** / The Royal Palace on Dam Square
06 **Kinderopvang op de begane grond** / Crèche on the ground floor

Ramon Scharff

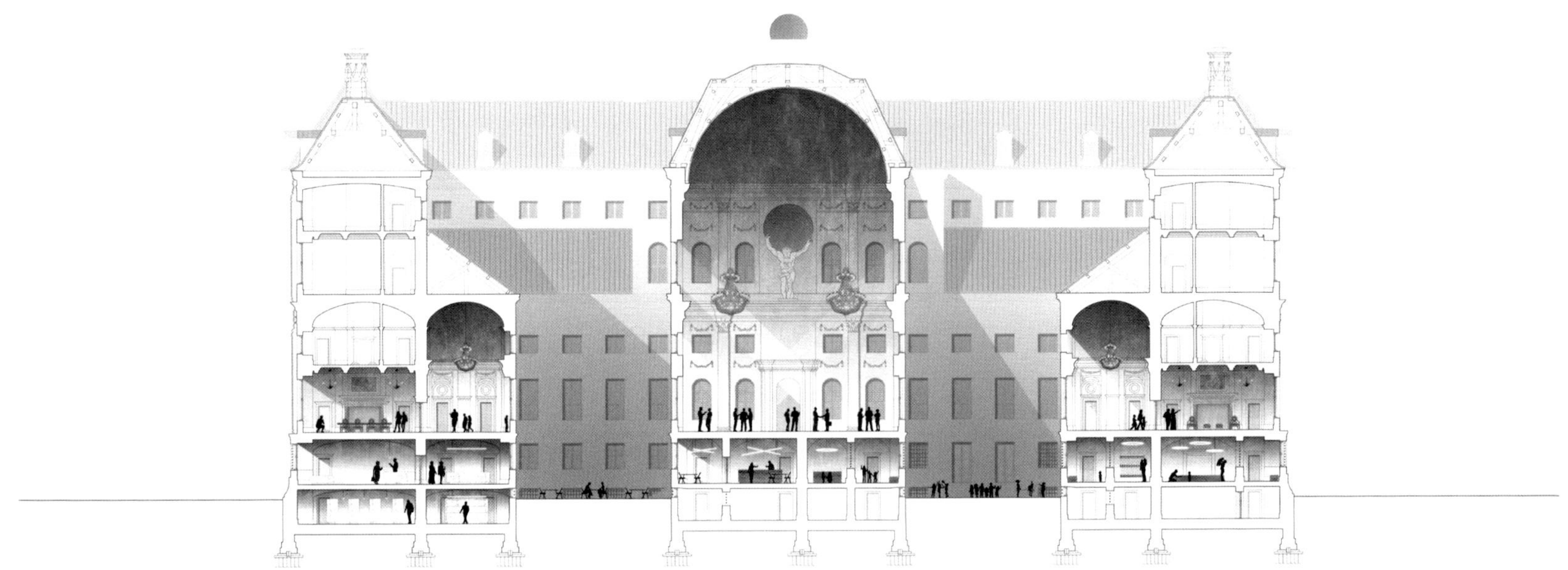

07 **Langsdoorsnede** / Longitudinal section
08 **Dwarsdoorsnede** / Cross section

Ramon Scharff

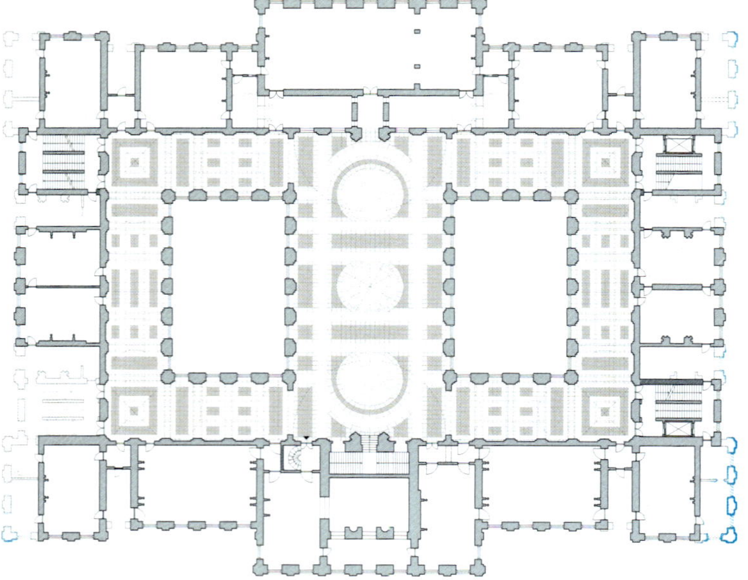

Deze afstudeeropdracht is een historisch, bouwkundig, ruimtelijk en ontwerpend onderzoek naar de mogelijkheden van het Paleis op de Dam met als doel het paleis weer ruimtelijk onderdeel te maken van de stad en het terug te geven aan haar inwoners.

Het Paleis op de Dam is in 1648 gebouwd als stadhuis van Amsterdam. Het middelpunt van de wereld, de plek waar het gebeurde, een groots monument in de stad. Een publiek gebouw met vele functies zoals de rechtspraak, het stadsbestuur, de wisselbank, een gevangenis, de woning van de burgemeester en trouwen. Vanwege de indrukwekkende verschijning werd het gebouw in de 18e eeuw ook wel het 8e wereldwonder genoemd.

Toen Lodewijk Napoleon in 1806 de eerste koning van het Koninkrijk Holland werd, heeft hij het stadhuis van Amsterdam in gebruik genomen als Paleis. De stadhuisfuncties verdwenen uit het gebouw en vertrokken naar diverse plekken in de stad. Tussen 1810 en 1935 was het gebouw eigendom van Amsterdam, maar werd het weinig gebruikt. In 1935 is het verkocht aan het Rijk.

Sindsdien wordt het beschikbaar gesteld voor feestelijke gelegenheden van het koningshuis. Dit gebeurt slechts enkele malen per jaar. De rest van de tijd staat het leeg tussen de massa's toeristen…. Het Paleis heeft momenteel een gesloten uitstraling op een van de meeste openbare plekken van de stad. Vroeger had het Paleis een belangrijke rol als openbaar centrum van de stad, de plek waar de inwoners van de stad kwamen om elkaar te ontmoeten en zaken te regelen. Veel mensen weten niet dat het gebouw ooit het stadhuis van Amsterdam was en dat een gedeelte van het Paleis momenteel te bezoeken is als Paleis Museum.

09 **Plattegrond eerste verdieping** / First floor plan

Zou het niet mooi zijn als de stad weer een paleis met openbare functies krijgt?

Om aan te tonen dat het Paleis weer een essentieel onderdeel van de stad kan worden heb ik een aantal nieuwe functies gekozen die gekoppeld zijn aan functies uit het verleden. De wisselbank wordt een voedselbank, het oude cellencomplex wordt een kinderopvang, de nachtwacht komt terug op zijn oorspronkelijke plek en de burgemeesterswoning wordt de woning van de Koning. Met deze functies vul ik het gebouw voor slechts 30%.

Door uitgebreid onderzoek te doen op alle niveaus kwam ik tot de verassende conclusie dat dit fantastische gebouw ruimtelijk en functioneel al onwijs goed in elkaar zit. Ik hoef als architect bijna niets te doen, met minimale chirurgische ingrepen heb ik het paleis weer weten te transformeren tot een belangrijk onderdeel van de stad.

This graduation assignment is a historical, architectural and spatial research-by-design study into the potentials of the Royal Palace on Dam Square, whose aim is to reinstate the palace as a spatial component of Amsterdam and return it to its citizens.

The Royal Palace on Dam Square was originally built as Amsterdam's city hall in 1648. It was the centre of the world, the place where it all happened, a magnificent monument in the city. A public building with many functions, such as the administrative courts, the city government, the exchange bank, a prison, the burgomaster's residence and a marriage chamber. In the 18th century, its impressive appearance caused it to be touted as the Eighth Wonder of the World.

When Lodewijk Napoleon became the first King of Holland in 1806, he put the city hall into use as a Royal Palace. Its civic duties disappeared from the building and were moved to various locations in the city. Between 1810 and 1935, the building belonged to the City of Amsterdam but was rarely used. In 1935, it became the property of the Kingdom of the Netherlands.

Since then, it has been made available for a handful of annual royal events. The rest of the time it lies vacant amidst the tourist masses…. The Royal Palace these days has an introverted look, though located at one of the most public places in the city. In the past, the palace played an important role as the public centre of Amsterdam, the place where its residents met and did business. Many are unaware of the fact that the building was once the city hall and that part of the palace is currently open to visitors. *Wouldn't it be fine if the city were to once again have a palace with public functions?*

To demonstrate that the Royal Palace can become an essential part of the city again, I have chosen a number of new duties for it that relate to its past functions. The exchange bank is to become a food bank and the cell complex a 'Royal Crèche', The Night Watch will be returned to its original place and the old burgomaster's home will become the King's residence. These duties take up a mere 30% of the building.

After an in-depth exploration on all levels, I arrived at the surprising conclusion that this fantastic building is incredibly well put together both spatially and functionally. It requires almost no effort on my part to transform the Royal Palace, with a minimum of surgical interventions, back into a key component of Amsterdam.

Opleiding _ Place of education
AvB Amsterdam
Studierichting _ Specialization
architectuur / *architecture*
Mentoren _ Tutors
Rob Hootsmans, Machiel Spaan, Jeroen Schilt
Email adres _ Email address
ramon.scharff@live.nl

Ramon Scharff

All for one, or one for all? _ *Op welke manier kan de dichtheid van een bestaande wijk verhoogd worden om ten minste twee keer zoveel wooneenheden te herbergen?* How are we to increase the density of an existing neighbourhood to provide at least twice as many dwelling units?

01 **Impressie binnenplaats /** Courtyard
02 **Isometrische doorsnede over bouwblok /** Isometric section of a block

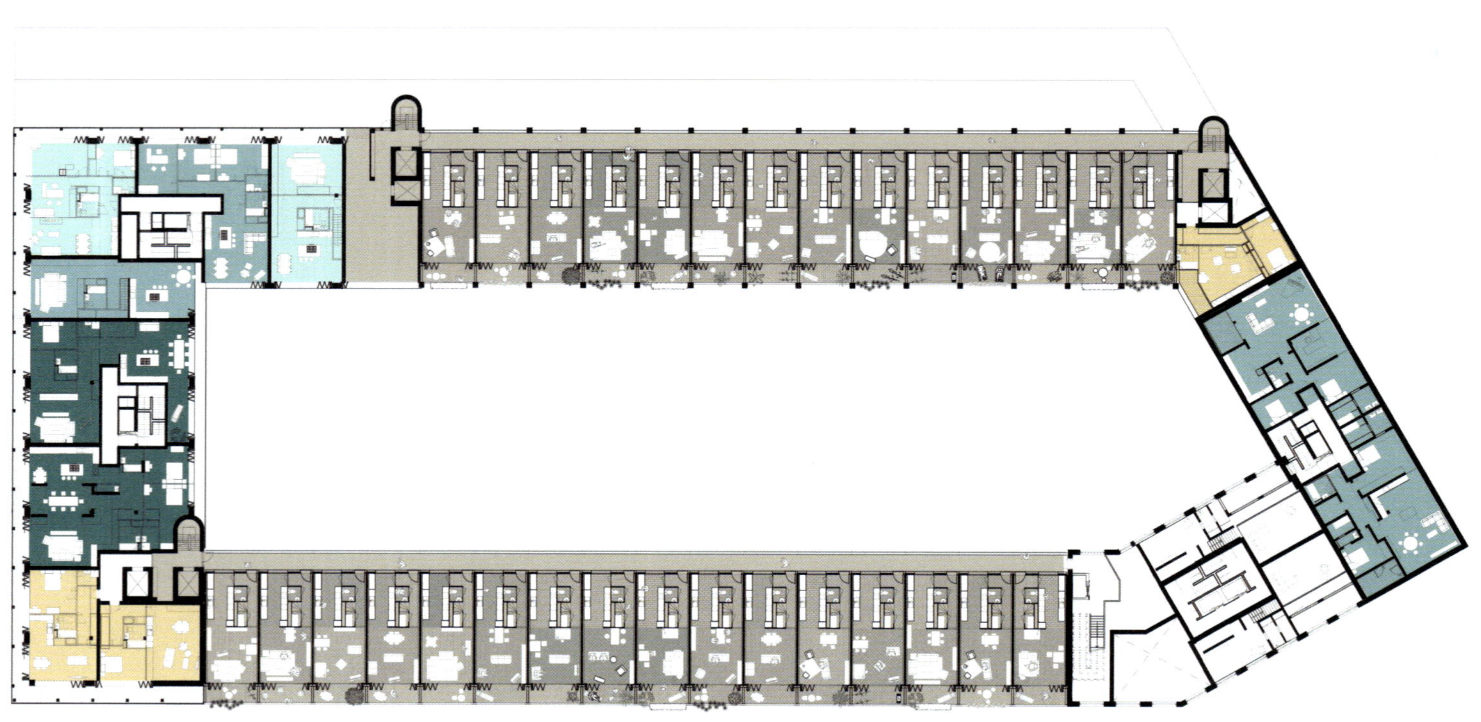

03

04

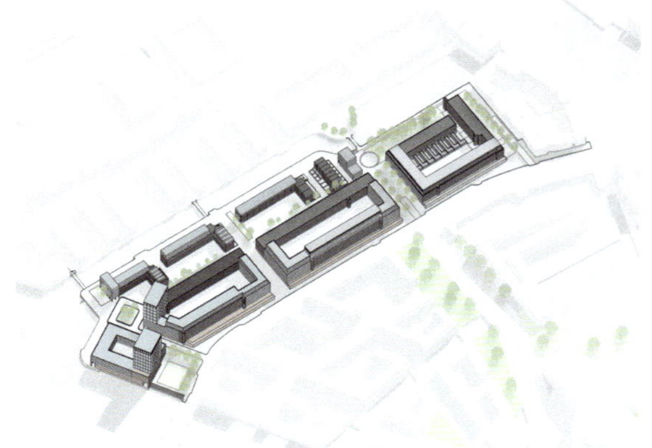

05

03 **Plattegrond standaardverdieping /** Typical upper floor plan
04 **Gevel /** Elevation
05 **Isometrie stedenbouwkundig plan /** Isometric view of urban plan

■ **nieuwe woningen /** new dwellings
■ **bestaande woningen /** existing dwellings
■ **incubator / startup /** incubator or startup

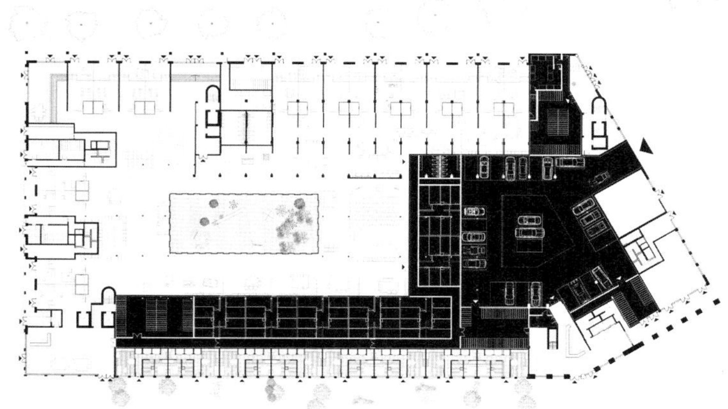

06

te verhogen. Standaard krijgt elk blok een extra verdieping over het gehele oppervlak. Daarmee wordt de dichtheid gespreid over de hele wijk verhoogd, terwijl het extra volume gerealiseerd kan worden binnen de toleranties van de constructie van de bestaande woningen. Bij toevoeging van meer verdiepingen zou de bestaande constructie te zwaar belast worden, in dat geval wordt over de bestaande woningen heen een exoskelet geplaatst dat de nieuwe woningen draagt. Die strategie maakt het mogelijk om nieuwe gevels te maken en de expressie van de bestaande woningen te veranderen zodat ze onderdeel worden van de nieuwe identiteit van het blok. Tenslotte wordt hoogbouw geïntroduceerd die deel uit moet maken van het bestaande bouwblok. Het is zaak om de hoogbouw zorgvuldig te positioneren en vorm te geven opdat ze geen inbreuk maakt op de bestaande kwaliteit. Om die reden zijn ze aan de noordelijke waterkant geprojecteerd. Vanwege de oriëntatie is een typologie mogelijk met een middengang met aan beide zijden woningen zonder dat er sprake is van woningen met de oriëntatie op het noorden. Al deze ingrepen verhogen de dichtheid met behoud van een duidelijke stedelijke structuur.

How are we to increase the density of an existing neighbourhood to provide at least twice as many dwelling units as currently exist?

The project concerns a row of housing in Amsterdam's Kattenburg estate. Its intention is to increase cohesion within the site and respectfully integrate the existing dwellings into the new vision. The site's density is doubled, from 650 units to over 1200. This is a radical intervention both psychologically and socially.

Several strategies have been deployed to achieve the project's objective. New street spaces between city blocks lend these blocks added strength. With the increase in the number of dwellings the frontage increases also, to the benefit of the streetscape. The new blocks have courtyards, a strategy that completes the envelope of the existing blocks.

Parasitic additions to the existing buildings are to reconnect those buildings to the surrounding streets. For this reason it is necessary at times to add courtyard houses instead of the now non-functioning ground floor storage. Or, as in Kattenburgerstraat, to make space for startups, business incubators and retail. These functions inject a public component into the spacious street profile. Such densification stimulates integration and prevents isolation.

Another means of increasing densification is to add new storeys to existing buildings for the additional dwelling units this provides. Each block routinely gets an extra storey for the full surface area. This raises the density throughout the estate but allows the additional volume to be realized within the tolerances of the structure of the existing dwellings.

As adding additional storeys would unduly tax the structure as it is, an exoskeleton has been placed over the existing dwellings to bear aloft the new ones. This strategy makes it possible to construct new facades and alter the expression of the existing units so that they become part of the block's new identity. Lastly, high rise has been introduced to become part of the existing block. It is important that the high rise is positioned and designed with care so as not to intrude upon the quality on site. This is why it has been projected along the northern waterfront. The project's orientation enables a typology of a central passage with dwellings either side but without dwellings having to face north. All these interventions increase the density whilst retaining a clear urban structure.

Op welke manier kan de dichtheid van een bestaande wijk verhoogd worden om ten minste twee keer zoveel wooneenheden te herbergen als er momenteel aanwezig zijn?

Als plangebied is gekozen voor de woningbouwstrook op Kattenburg in Amsterdam. Het is de bedoeling om de samenhang binnen het gebied te vergroten en daarbij de bestaande woningen met respect te integreren in de nieuwe visie. De dichtheid wordt verdubbeld van 650 woningen tot meer dan 1200. Dat is zowel psychologisch als sociaal een ingrijpende exercitie.

Om het gestelde doel te kunnen bereiken worden verscheidene strategieën ingezet. Nieuwe straatruimten tussen de bouwblokken versterken de kracht van de bouwblokken. Door de toename van het aantal woningen wordt het geveloppervlak groter, daar heeft het straatbeeld baat bij. Door bouwblokken met binnenplaatsen te maken wordt de enveloppe van de bestaande blokken gecompleteerd. Parasitaire toevoegingen aan de bestaande gebouwen zijn erop gericht de woningen weer te verbinden met de omliggende straten. Soms is het om die reden nodig om patiowoningen toe te voegen in plaats van opslagruimten op de begane grond die niet meer functioneren. Of, zoals in de Kattenburgerstraat, om ruimte te creëren voor startups, incubators en detailhandel. Deze functies brengen een publieke component in het ruime straatprofiel. Deze verdichting stimuleert de integratie en voorkomt isolatie.

Optoppen met nieuwe verdiepingen wordt daarnaast als methode ingezet om meer woningen te realiseren en daarmee de dichtheid

Opleiding _ Place of education
TU-Delft
Studierichting _ Specialization
architectuur / *architecture*
Mentoren _ Tutors
Dick van Gameren, Pierijn van der Putt, Theo Kupers
Email adres _ Email address
smcgibbon@live.co.uk

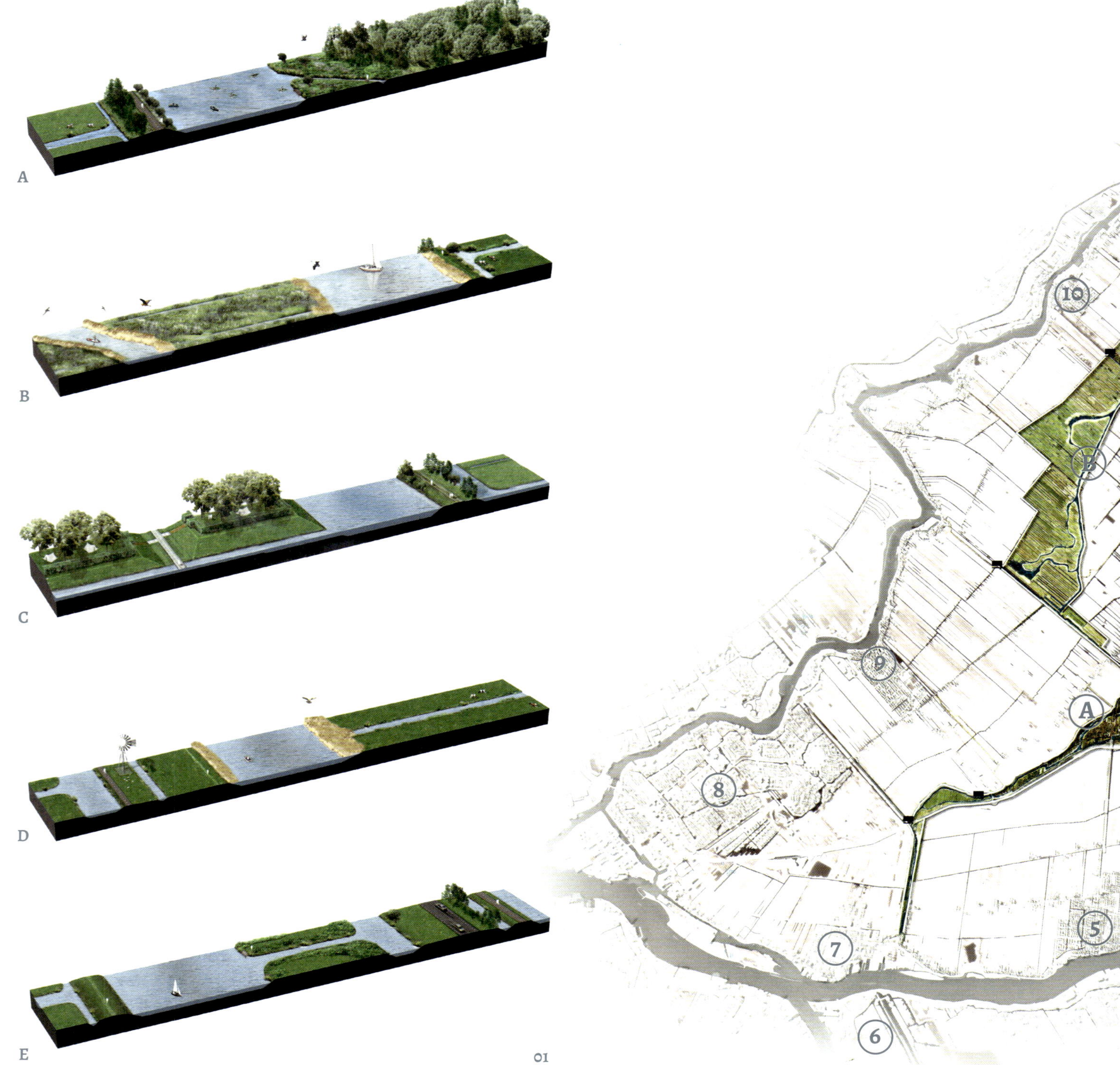

01   Landschappelijke doorsnedes / Landscape sections
A   Veenrivier De Loet / De Loet peat river
B   Natuurgebied Ouderkerkse Landscheiding /
      Ouderkerkse Landscheiding nature reserve
C   Kampeerterrein Okkersekade / Okkersekade campsite
D   Ringsloot
E   Schoonhovenseweg

02   Plankaart regionaal ontwerp van de bergboezem Krimpenerwaard /
     Plan of the regional design of the 'boezem reservoir'
     Legenda / Legend

1	Gouda	10	Gouderak
2	Haastrecht	11	Berkenwoude
3	Stolwijk		
4	Bergambacht	▢	Waterkering van de bergboezem (min. Kruin-hoogte -1,5 m NAP) / Reservoir polder dike (m crest height -1.5 m Amsterdam Ordnance Datur
5	Lekkerkerk		
6	Kinderdijk		Gemaal of windmolentje voor wateroverdrach
7	Krimpen aan de Lek	→	bergboezem / Pumping station or windmill for
8	Krimpen aan de IJssel		water transmission to and from the reservoir
9	Ouderkerk aan den IJssel	⊛	Sluis / Sluice gate

Sander Hermens

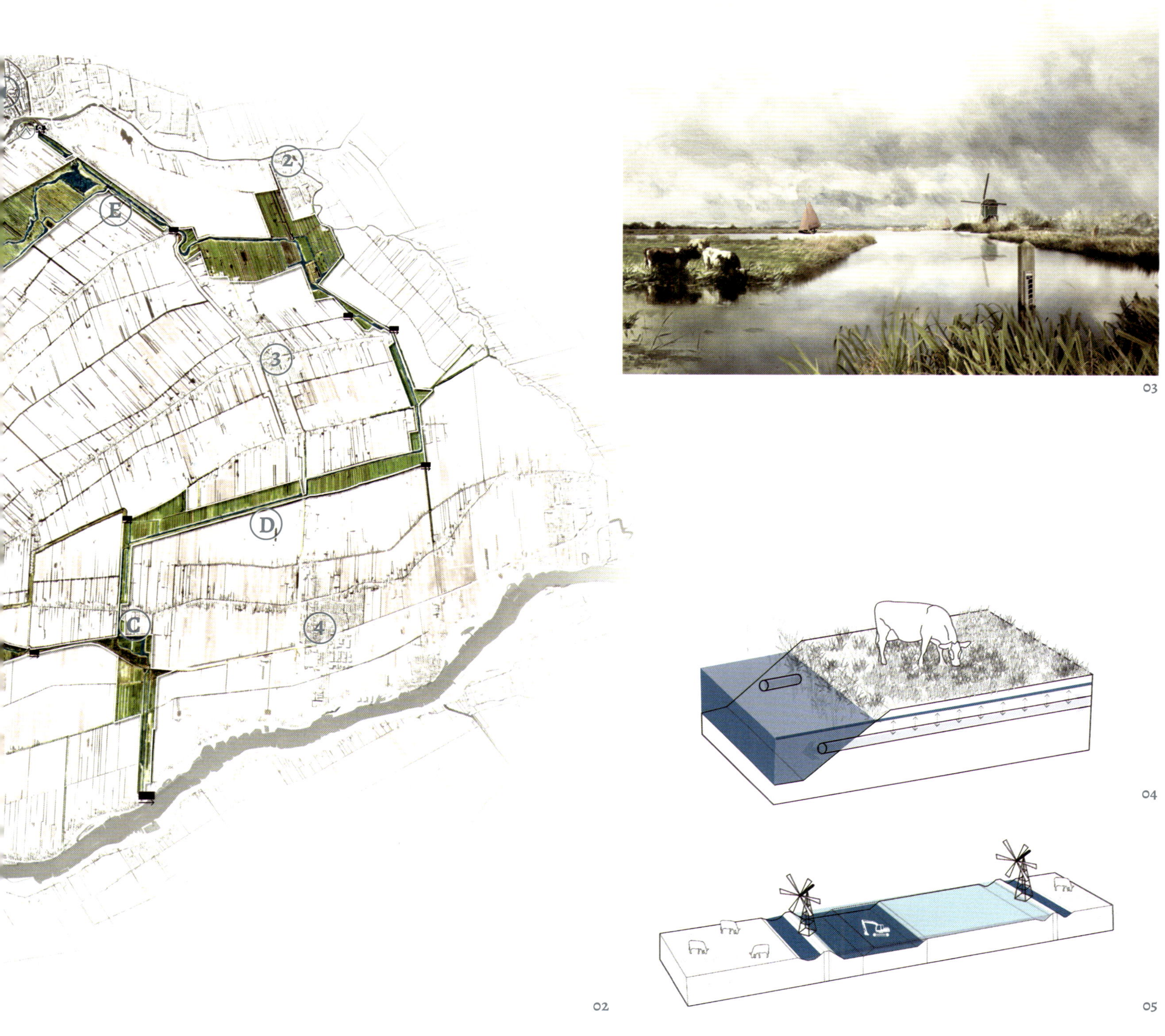

03 Zicht op de bergboezem ten oosten van Stolwijk / The reservoir east of Stolwijk

04 Onderwaterdrains zorgen ervoor dat de veenbodem nat blijft waardoor de bodemdaling een halt wordt toegeroepen. Bij een grootschalige inpassing van deze buizen gaat het watersysteem sneller reageren waardoor er een enorme watervraag in droge tijden en wateroverlast in natte tijden zal optreden. Met een bergboezem worden deze gevolgen opgevangen en wordt grootschalige inpassing van onderwaterdrains mogelijk gemaakt / Submerged drains ensure that the peat soil stays wet, putting a stop to soil subsidence. In applying these tubes on a large scale, the water system responds more rapidly, bringing about an enormous demand for water in dry periods and the danger of flooding in wet periods. The boezem reservoir is one step ahead of these consequences and makes it possible to implement submerged drains on a large scale.

05 Windmolentje voor wateroverdracht bergboezem / Windmill for water transmission to and from the reservoir

06

Ontwerpend onderzoek naar een duurzame vorm van landbouw voor de Krimpenerwaard.

Dit integrale ontwerp stelt de innovatieve grootschalige toepassing voor van onderwaterdrains in de veenbodem zodat de bodemdaling sterk afneemt en tegelijkertijd de landbouw duurzamer wordt en profiteert van betere productieomstandigheden.

In het karakteristieke veenweidegebied van de Krimpenerwaard daalt de bodem gemiddeld een centimeter per jaar als gevolg van veenoxidatie door afwatering ten behoeve van landbouw. De gevolgen van bodemdaling zijn groot. Zo wordt het waterbeheer ingewikkelder en duurder, ontstaan er hoge kosten voor aanleg en onderhoud van infrastructuur en vindt er een hoge uitstoot van broeikasgassen plaats. Het overgaan op een ander grondgebruik dan landbouw leidt echter tot verlies van het unieke veenweidecultuurlandschap. Een proces van analyseren, ontwerpen, en valideren met bodemdeskundigen en hydrologen, heeft geleid tot een ontwerp van een bergboezem op basis van de grootschalige inpassing van onderwaterdrains. De bergboezem werkt als een reservoir dat groot genoeg is om voldoende water in op te kunnen slaan in natte tijden dat vervolgens weer gebruikt kan worden in droge tijden De bergboezem anticipeert op de gevolgen van de onderwaterdrains, namelijk een te grote watervraag in de zomer en aanzienlijke wateroverlast in de winter.

De bergboezem is ingebed binnen het fijnmazige netwerk van historische en nieuw ontworpen kades en staat in verbinding met alle polders en de omliggende rivieren voor een snelle wateroverdracht. Het boezempeil van de bergboezem in relatie tot de maaiveldhoogte werkt als ordeningsprincipe voor het landgebruik en de natuurtypen die hierbinnen ontstaan. Bepaalde weteringen en sloten binnen de bergboezem zijn verbreed tot een aaneengesloten brede vaart, de boezemvaart. Er ontstaat een vaarwereld die via de recent gerestaureerde Stolwijkersluis in verbinding staat met de Hollandse IJssel. Hier bevindt zich de deeluitwerking van de poort tot de bergboezem. De kaasfabriek recht tegenover het centrum van Gouda produceert kwateitskaas van melk uit de Krimpenerwaard. Een tweede deeluitwerking van een zomerkamp voor jeugd uit de nabije steden laat zien welke betekenis de bergboezem kan hebben voor het menselijk schaalniveau.

Dit ontwerp biedt een realistisch alternatief voor de al decennia stagnerende gebiedsontwikkeling in de Krimpenerwaard. Maar bovenal biedt het een perspectief op een duurzame toekomst voor het eeuwenoude veenweidelandschap waarbij de beleving van het landschap wordt versterkt en er talrijke kansen ontstaan voor recreatie, landbouw en natuur, voor deze en toekomstige generaties.

Research by design on a sustainable form of agriculture for Krimpenerwaard

This integral design facilitates the innovative solution of large-scale implementation of submerged drains in peat soils. This combats the problem of soil subsidence, makes agriculture more sustainable and improves the conditions for production.

In the characteristic peat meadow landscape of Krimpenerwaard the soil is subsiding at an average of one centimetre a year. Soil subsidence is caused by peat oxidation that occurs when the soggy peat soil is drained for agricultural land use and gets exposed to oxygen. Soil subsidence has major repercussions. It makes water management increasingly difficult and expensive, it results in excessive costs for the construction and maintenance of infrastructure and it results in greenhouse gas emissions. By changing to another land use, however, the unique peat meadow landscape will be lost.

A process of analysing, designing and validating with soil scientists and hydrologists has resulted in a design for a *boezem reservoir* – a polder water catchment network that facilitates the large-scale implementation of submerged drains. Submerged drains are tubes that are implemented within the peat soil connected to the ditches and ensure that the peat soil stays wet, putting a stop to soil subsidence. When implementing these tubes on a large scale, the water system responds more rapidly, bringing about an enormous demand for water in dry periods and the danger of flooding in wet periods. The 'boezem reservoir' is one step ahead of these consequences and has a large enough capacity to store sufficient water during wet periods to meet the extra demand in dry periods.

The *'boezem reservoir'* is embedded within the layout of old and newly designed polder dikes and is connected to all the local polders and surrounding rivers for rapid transmission of water. The reservoir's water level in relation to the ground level acts as an organizing principle for land use and the types of nature that evolve here. Several broad ditches within the reservoir have been widened into an interconnected, broad navigable waterway. This opens up a world of water navigation that leads, via the recently restored sluice gate (Stolwijkersluis), to the waters of Hollandse IJssel. Here at this sluice gate a detailed design is made of the gateway to the reservoir, where a cheese factory directly opposite the centre of Gouda produces high-quality cheese from milk from Krimpenerwaard. A second detailed design for a summer camp for youngsters from nearby cities shows what the 'boezem reservoir' can mean at the human scale.

'Responsive land' offers a realistic alternative to the decades of stagnating spatial development in Krimpenerwaard. But above all, it provides a perspective on a sustainable future for the ancient peat meadowlands and creates countless opportunities for recreation, agriculture and nature for our generation and for generations to come.

06 **Zicht op kampeerterrein Okkersekade /** *Okkersekade campsite*

Opleiding _ Place of education
Wageningen Universiteit
Studierichting _ Specialization
landschapsarchitectuur / *landscape architecture*
Mentor _ Tutor
Adriaan Geuze
Email adres _ Email address
sanderhermens@hotmail.com

Sander Hermens

Marcy Houses: Een case-study naar sociale woningbouw in New York City /
A Case Study of Social Housing in New York City _ *Plan voor de verdichting en diversificatie van sociale woningbouw. A proposal to densify and diversify social housing*

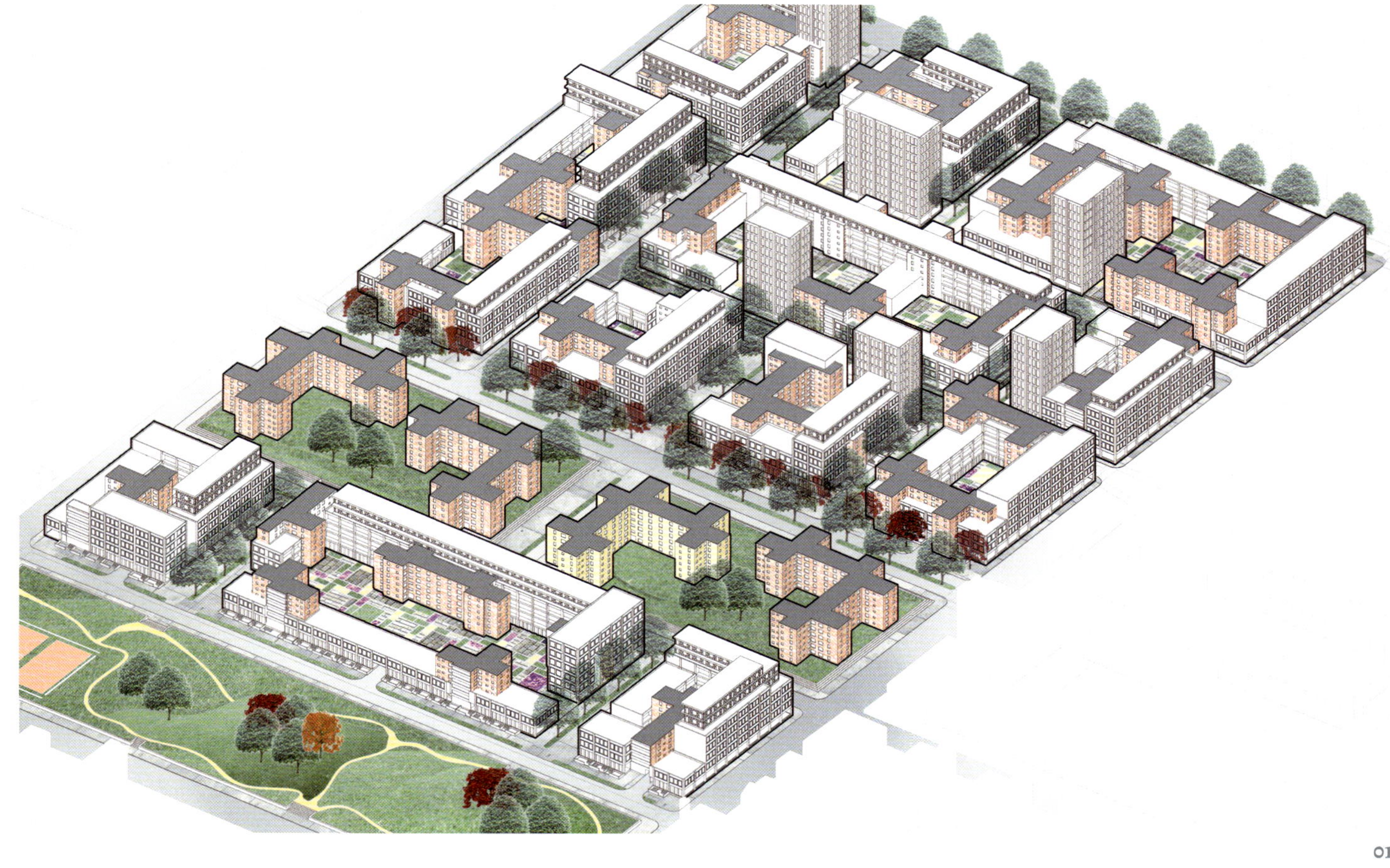

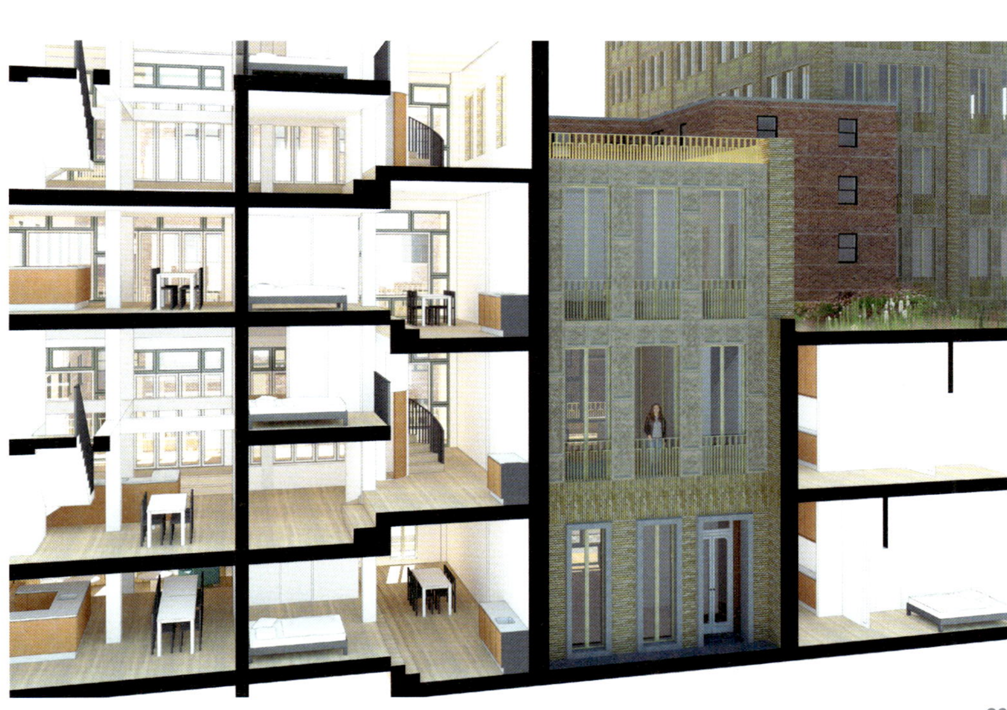

01 **Isometrie van het stedenbouwkundig voorstel met een 1,75 keer hogere woningdichtheid en opnieuw gedefinieerde hoogwaardige openbare ruimte /**
Isometric view of the urban design proposal with a housing density 1.75 times higher and redefined high-grade public space

02 **Doorsnede met het ruimtelijke spel tussen de oudbouw met lage verdiepingshoogte en de nieuwbouw met een moderne verdiepingshoogte /**
Section showing the spatial game played between the old fabric with a less-tall floor-to-floor height and new build of up-to-date height

03 **De bestaande Marcy Houses in de wijk Bedford-Stuyvesant in Brooklyn, New York City /**
The existing Marcy Houses in the Bedford-Stuyvesant neighbourhood in Brooklyn, New York City

04 **Maquette** / Model
05 **Gevelaanzicht met symfonie van oud- en nieuwbouw /** A symphony of old and new fabrics
06 **Commerciële plint en winkelgalerij /** Plinth of commercial spaces and shopping arcade

Hans Maarten Wikkerink

07

08

Plan voor de verdichting en diversificatie van sociale woningbouw

Een van de meeste typische demografische kenmerken van New York City is het karakter van enclaves. Hoewel meer algemene data een diverse, dynamische smeltkroes laten zien, is New York op de kleine schaal relatief gesegregeerd. Het lijkt allemaal prima te werken in de meeste buurten en wijken. Helaas geldt dit niet voor de allerarmste groep New Yorkers. Sinds de jaren '30 zijn zij gehuisvest in grootschalige woningbouwcomplexen die in de volksmond 'projects' zijn gaan heten. De Marcy Houses is daarvan een representatief voorbeeld.

Meer dan 400.000 mensen leven in deze gesubsidieerde woningbouw, verdeeld over 334 complexen. De meerderheid van deze buurtjes zijn gebaseerd op een stedenbouwkundig stempelplan van torens in het groen. Ze ademen Modernisme en een 'top-down' stedenbouwkundige ontwerpfilosofie. Het feit dat er 200.000 mensen op de wachtlijst staan voor een woning in de 'projects' toont aan dat er nog steeds een grote behoefte bestaat aan sociale huisvesting. Naast dat er 1,5 keer meer sociale woningen nodig zijn, moeten ze ook anders gefinancierd worden dan voorheen. De federale subsidies staan sterk onder druk.

De Marcy Houses liggen in de buurt Bedford-Stuyvesant in het hart van stadsdeel Brooklyn, midden in een prachtig gedeelte van de stad, omringd door buurten en wijken waar een vrolijke middenklasse haar identiteit aan ontleent. Echter, de Marcy Houses zelf hebben een problematische reputatie. Mijn plan voegt 25% extra markt conforme appartementen en commerciële ruimten toe aan het complex. De daarmee gepaard gaande verdichting en diversificatie is zowel vanwege een sociaaleconomisch perspectief wenselijk, het is bovendien een manier om sociale huisvesting betaalbaar te houden. De Marcy Houses zouden net zo trots moeten zijn als de stad waarin ze liggen: een pronkstuk van veerkracht, historische rijkdom en diversiteit.

A proposal to densify and diversify social housing

One of the most typical demographic characteristics of New York City is its division into enclaves. Although more general data reveal a diverse and dynamic melting pot, seen at the micro scale New York is relatively segregated. Most neighbourhoods seem to function well. Regrettably this is not the case with the poorest group of New Yorkers. Since the 1930s, these have been housed in vast residential complexes that have become known as 'projects'. Marcy Houses is a representative example of such a project.

Over 400,000 people live in this subsidized housing, divided among 334 complexes. The majority of these neighbourhoods are laid out in repetitive units of towers in green space. They are permeated by modernism and a top-down urban design philosophy. The fact that 200,000 people are on the waiting list for a home in one or other of the projects shows that there is still a great need for social accommodation. Not only is there a need for one and a half times as many social dwellings, these have to be financed along other lines now that federal subsidies are under intense pressure.

The Marcy Houses complex is located in the Bedford-Stuyvesant neighbourhood in the heart of the borough of Brooklyn in a magnificent part of New York City, surrounded by neighbourhoods coloured by their vibrant middle-class population. That said, the Marcy Houses complex has a bad reputation. My proposal adds a further 25% of market-rate apartments and commercial spaces to the complex. The attendant densification and diversification are not just desirable from a socioeconomic perspective but are a way to make social accommodation affordable. Marcy Houses should be every bit as proud as the city in which they stand: a centrepiece of resilience, richness of history and diversity.

07 Woongalerijen met loggia's / Residential galleries with loggias
08 Galerij verschaft toegang tot de woningen en vormt een architectonische route langs de nieuwbouw en door de oudbouw. / Gallery accessing houses and presenting an architectural route along the new build and through the old fabric.

Opleiding _ Place of education
AvB Amsterdam
Studierichting _ Specialization
architectuur / *architecture*
Mentoren _ Tutors
Laurens Jan ten Kate, Marcel van der Lubbe, Gus Tielens
Email adres _ Email address
hmwikkerink@gmail.com

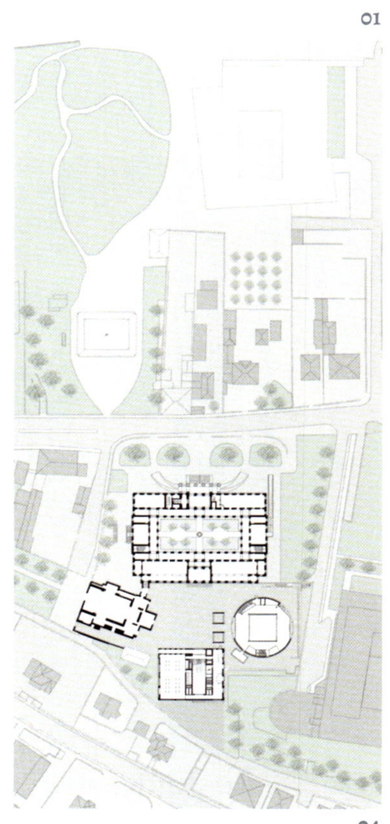

O1 **Binnenstraat op de hoofdas van de campus /**
Internal street on the main axis of the campus

O2 **Impressie entree /** Rendering of the entrance

O3 **Impressie open ateliers /** Rendering of open studios

O4 **Gebouw in zijn context, het ensemble vormt een ruimte in het hart van de
compositie. /** Building in context. The ensemble provides a space at the composition's heart.

Moniek Kamphuis

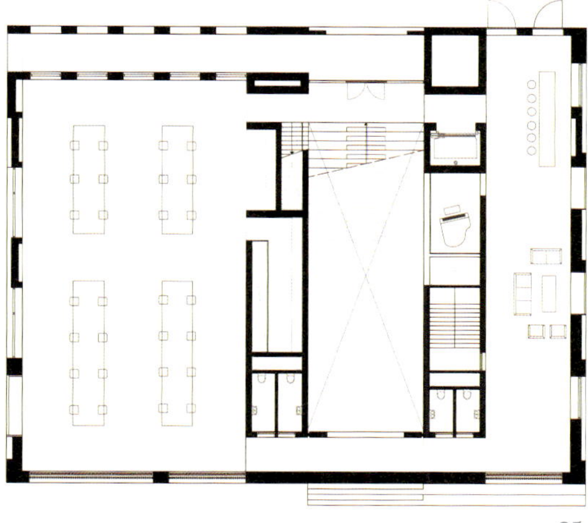

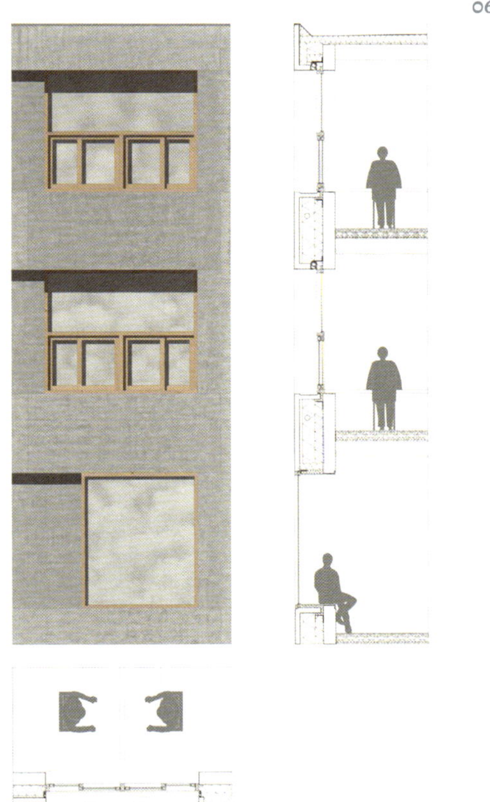

05 Plattegrond eerste verdieping / First floor plan
06 Impressie individuele werkplekken / Rendering of individual workplaces
07 Doorsnede van de zuid-west gevel met individuele werkplekken en de bar met zitplaatsen
in het raam op de begane grond / Section of southwest elevation showing individual workplaces
and the bar with window seating on the ground floor
08 Maquette. Heterogene gevels: entreegevel en pleingevel. De entreegevel maakt een
welkomstgebaar / Model. Heterogeneous elevations at the entrance and on the plaza.
The entrance elevation makes a gesture of welcome
09 Maquette uithollingen voor de verticale routes / Model of hollows for vertical routes

10

Ontwerp voor de huisvesting van de architectuuropleiding in Mendrisio Zwitserland.

In een tijd waar drones en 3D printers het lijken te gaan overnemen van de mens, kan de architect zijn waarde benadrukken door empathisch te ontwerpen. Uitgaande van de ruimtelijke en sociale ervaring van de mens onderzoekt dit project de menselijke perceptie van architectuur en formuleert het principes die hierop van invloed zijn.

De buitenruimte is geïnterpreteerd als een kamer. Het gebouw functioneert als een instrument dat vorm geeft aan de buitenruimte. Het nieuwe gebouw is nauwkeurig geplaatst om samen met de omliggende gebouwen een fijne verblijfsplek tussen de gebouwen te creëren. De centrale as van het gebouw is ontworpen als een publieke straat en ligt op de hoofdas van de universiteitscampus. Deze binnenstraat loopt over de volledige hoogte van het gebouw en verbindt de diverse ruimten in het gebouw. Door haar asymmetrische plaatsing ontstaat een verscheidenheid aan ruimten achter haar wanden.

De wanden en ook de gevels en de binnenwanden worden gezien als ruimtelijke elementen die communiceren met de gebruiker. De binnenwanden hebben het karakter van een solide massa. Twee massieve wanden omlijsten de interne straat. Door het uithollen van deze wanden ontstaan intieme plekken voor incidentele ontmoetingen of korre ontvluchtingen. De gevels zijn een krachtig overgangselement. Alle gevels zijn anders en reflecteren de functie van de achterliggende ruimte. De verschillen in het

reliëf zorgen ervoor dat de gebruiker zich goed kan oriënteren.

De binnenruimte speelt met voorspelling en verwachting. Uithollingen in de wanden van de straat creëren momenten van spanning. De excavaties zijn op specifieke plaatsen verkleind om een bewust moment van het 'door de wand gaan' te creëren.

Het licht, de materialen en de details versterken de ruimtelijke en sociale gebaren. De wanden die de straat omlijsten laten het licht binnen op die plaatsen waar het gewenst is. Dit resulteert in indirect en heterogeen licht in de openbare weg. Het licht markeert specifieke plekken en vormt de verticale verbinding tussen verschillende ontmoetingsruimten. Interactie is van groot belang in het creatieve leerproces. De sociale binnenstraat is een product van het volk. Het is een ontmoetingsplek die mogelijkheden biedt voor directe communicatie tussen studenten, ad hoc ontmoetingen en passieve visuele interactie. De soberheid van de materialen in de straat legt de nadruk op de sociale ervaring waarbij de gebruiker de acteur wordt en de straat het decor.

Design for an architecture school building in Mendrisio, Switzerland.

In an age when drones and 3D printers look likely to take over from us, architects can stress their continuing relevance by designing empathetically. This project, which draws on our spatial and social experience, explores our perception of architecture and defines the principles that influence that perception. The outdoor space is interpreted as a room. The building acts as a tool that gives shape to that outdoor space. This new building is strategically sited so as to create with the surrounding buildings a high-quality place to spend time. Its central axis is designed as a public street and lies along the main axis of the university campus. This internal street extends the full height of the building, stitching together the spaces in it. Its asymmetrical position in the building generates a wide diversity of spaces behind its walls.

Inner and outer walls are conceived as spatial elements that communicate with those using the building. The inner walls resonate as compact masses. Two solid walls line the internal street. Carving out hollows from these walls generates intimate places for the casual encounter or brief escape. The outer walls present a powerful transition. Every elevation is different and reflects the purpose of the space behind it. Differences in relief see to it that users can easily get their bearings.

The space inside plays a game of prediction and expectation. The hollows in the street walls create moments of tension. These excavations have been reduced in places to illustrate that moment of 'breaking through the wall'.

Lighting, materials and details strengthen the spatial and social gestures. The walls framing the internal street allow in light at places where this is desirable. This gives indirect, heterogeneous light along the public route. This light marks specific places and serves to vertically unite spaces of encounter. Interaction is key to the creative learning process. The social internal street is a product of the people, a meeting place that holds out opportunities for direct communication between students, ad hoc encounters and passive visual interaction. Its restrained materials lay emphasis on the social experience, so that users become actors and the street becomes stage scenery.

10 **Maquette uithollingen voor de verticale routes /** Model of hollows for vertical routes

Opleiding _ Place of education
TU-Eindhoven
Studierichting _ Specialization
architectuur / architecture
Mentoren _ Tutors
Jacob Voorthuis, Jan Schevers
Email adres _ Email address
moniekkamphuis@outlook.com

Moniek Kamphuis

Foreshore_ *Foreshore heeft de ambitie de Nederlandse kustlijn positief te ontwikkelen.*

Foreshore seeks to develop the Dutch coastline in a positive way.

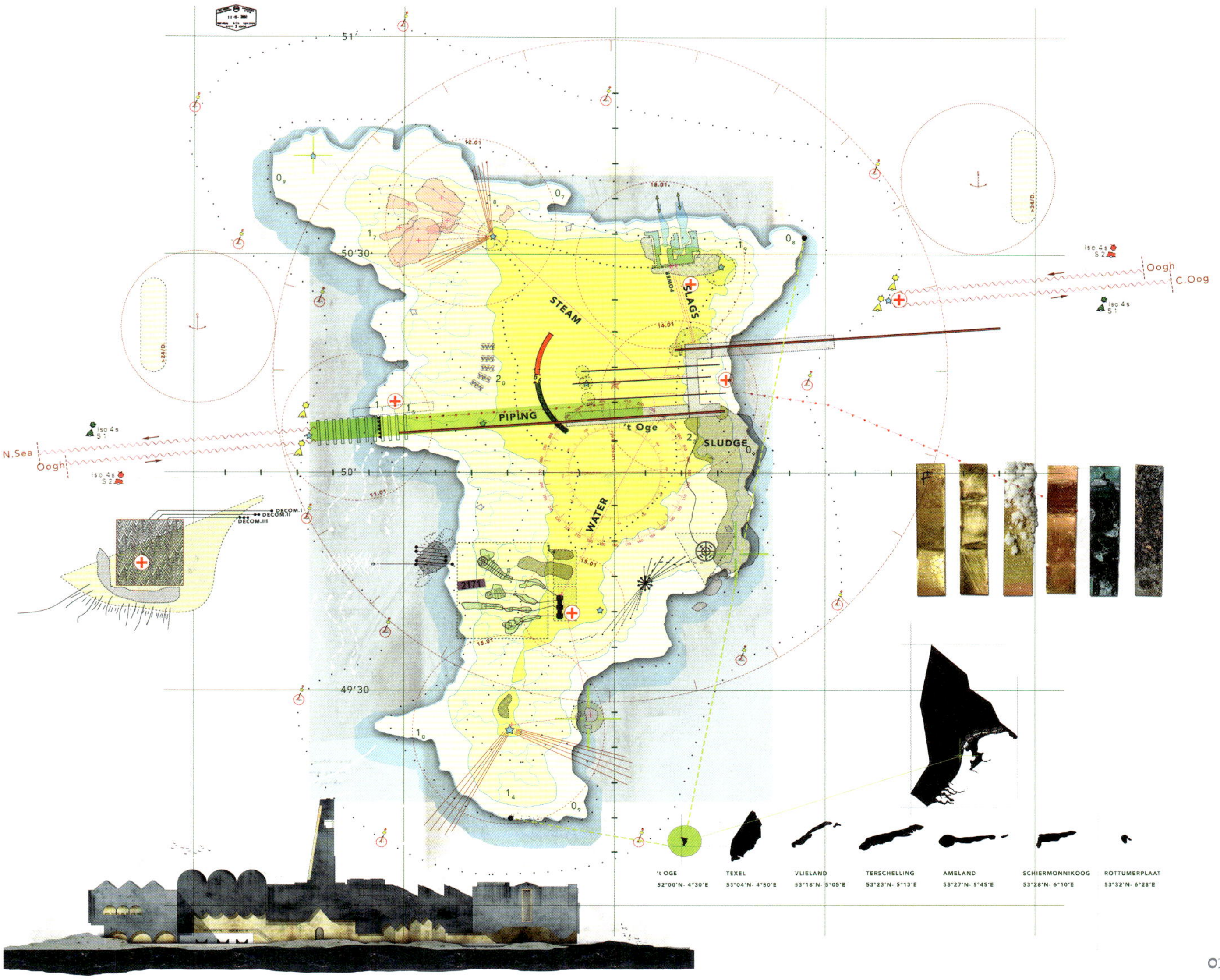

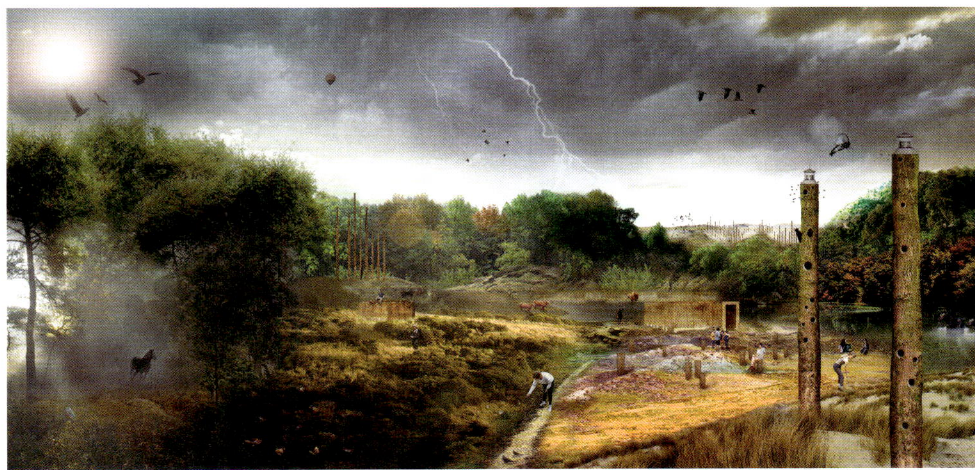

01

02

01 **'T Ooghe /** Callantsoog

De ontwikkeling van een nieuwe identiteit voor Callantsoog, een anoniem dorp dat zijn oorsprong - in de Noordzee - terugkrijgt door het ontwerp van een toeristische raffinaderij voor militair afval. Tijd wordt zichtbaar, de messing gevel patineert, het landschap groeit en de authenticiteit van het dorp wordt hersteld. / In developing a new identity for Callantsoog, this anonymous village regains its origins in the North Sea with a design for a tourist-centred refinery for military waste. Time is made visible, the brass elevation takes on a patina, the landscape grows and the village's authenticity is reinstated.

02 **Zeeduinen /** Sea dunes

De botanische duin introduceert actieve architectuur, en creëert daarmee een nieuw fenomeen aan de Nederlandse Kust geïntroduceerd. Deze magisch realistische impressie laat de potentie zien van Natura 2000 gebied Kennemerland-Zuid. De bunkerbatterij Hillegom wordt gemijnd waardoor nieuwe ecosystemen ontstaan en uitgroeien tot een nieuwe wildernis. / The botanical dune introduces active architecture, giving rise to a new phenomenon on the Dutch coast. This magic-realist rendering shows the potential of Kennemerland-Zuid (a Natura 2000 area). Hillegom's battery of WWII bunkers is to be blown up, allowing new ecosystems to arise and grow into a new wilderness.

Sidney van Well, Niek van de Calseijde, Nicky Kouwenberg

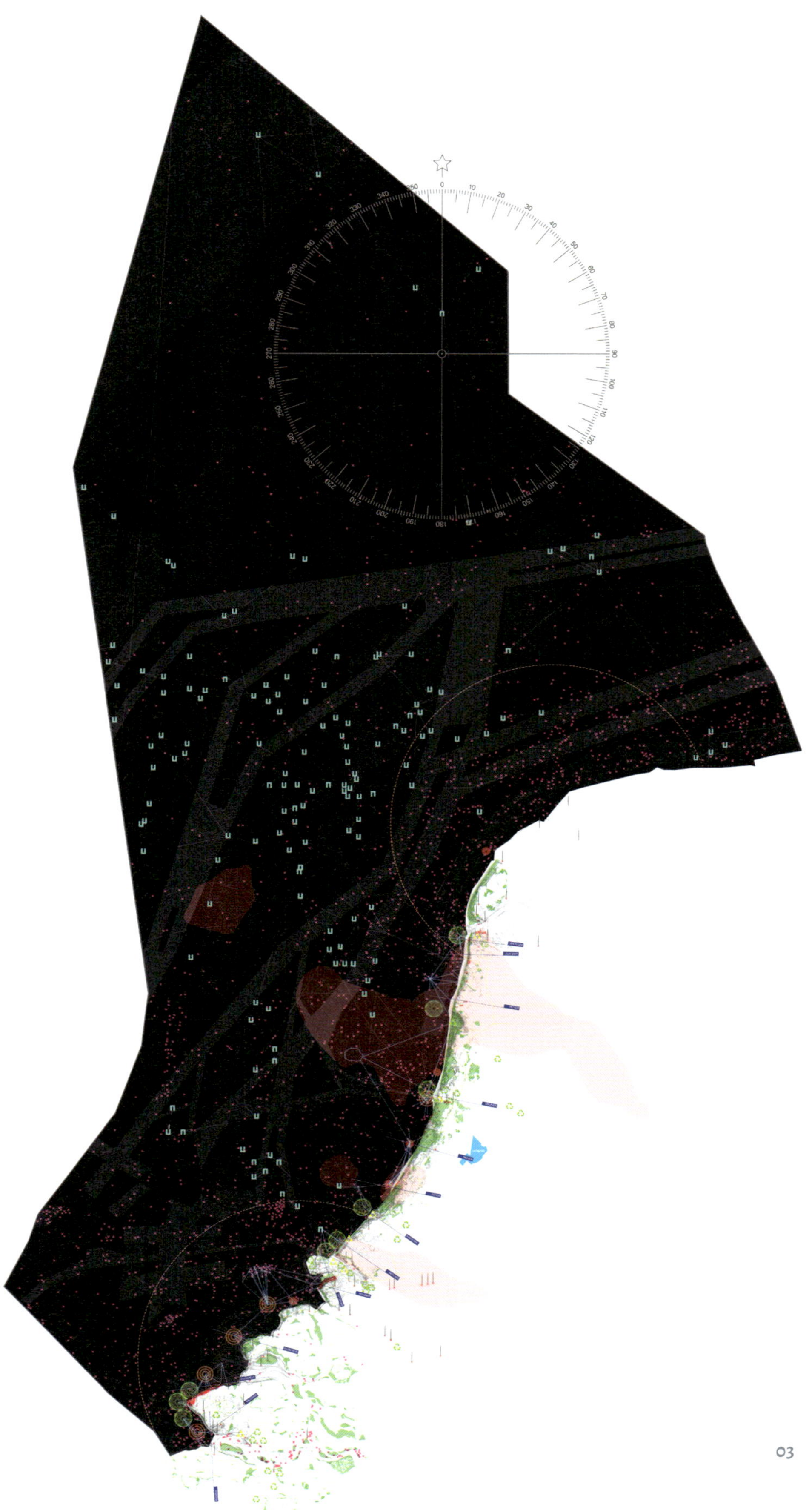

03 Nieuwste kaart van Nederland, continentaal plat /
The latest map of the Netherlands, continental shelf

Wat biedt het Nederlandse kustfundament? De Noordzee en de kust- zone zijn opgetekend met een palet aan toeristische kansen als wrakken, geothermie, zandhonger, bunkers, rest- energie, militaire activiteiten, natuur en landschap, visgebieden, energieproductie, getijden, maritieme objecten. Inzet en activering van deze diversiteit aan condities resulteert in nieuwe strategieën langs de gehele linie op zowel lokale als integrale schaal. /
What does the Dutch coastal foundation zone have to offer? The North Sea and the coastal zone are marked by a wide range of tourist-related opportunities including wrecks, geothermal energy, sand shortage, wartime bunkers, residual energy, military activities, nature and landscape, fishing grounds, energy production, tides and maritime objects. Applying and activating this diversity of conditions gives new strategies across the board both at the local scale and generally.

Sidney van Well, Niek van de Calseijde, Nicky Kouwenberg

04

04   Kalender voor de kust /
Calendar for the coast
Voor de ontwikkeling van de Haringvlietmonding op het gebied van natuurontwikkeling, kustveiligheid en toerisme is een jaarkalender ontworpen. Deze nieuwe agenda geeft alle gebruikers de benodigde tijd en ruimte om te genieten van de kust. / This new calendar for developing the mouth of the Haringvliet inlet in terms of nature development, coastal safety and tourism gives all users the time and space required

Foreshore heeft de ambitie de Nederlandse kustlijn positief te ontwikkelen.

Foreshore streeft naar een ambitieuze vergroting van de betekenis van het toerisme voor de Nederlandse kust en stelt daarmee het huidige kustontwikkelingsbeleid op de proef. Wij vinden dat de actuele strategieën tekort doen aan de dynamische geografie van de kust. Als amfibische architecten hanteren wij een synergetische benadering en zoeken overal naar verborgen potenties in het landschap, in het aanwezige erfgoed en in de menselijke activiteiten die hier plaats vinden. Het ecosysteem van mens en natuur wordt aangepakt zodat de interactie toeneemt. Met cyclische architectuur ontwerpen wij ruimtelijke modellen die verder reiken dan het traditionele gebouw.

Foreshore presenteert een ruimtelijke verkenning van het Nederlandse kustfundament. Een ontwerpend onderzoek waarin de traditionele betekenis van architectuur, in de vorm van het gebouw, wordt uitgebreid. Het resultaat omvat niet één ontwerp, maar omschrijft de ruimtelijke ambities van de kustzone. Het ontwerpproces voor de ontwikkeling van de Nederlandse kust is op te delen in 7 ontwerpfasen, alle met een unieke architectonische intelligentie. Maar bovenal biedt het een perspectief op een duurzame toekomst voor het eeuwenoude veenweidelandschap waarbij de beleving van het landschap wordt versterkt en er talrijke kansen ontstaan voor recreatie, landbouw en natuur, voor deze en toekomstige generaties.

Foreshore seeks to develop the Dutch coastline in a positive way.

Foreshore is committed to greatly expanding the meaning of tourism for the Dutch coast, challenging current coastal development policy in the process. We feel that current strategies short-change the coast's dynamic geography. As amphibian architects, we take a synergetic approach, looking everywhere for hidden potentials in the landscape, in its heritage and in the human activities taking place here. The project tackles the ecosystem of people and nature so that the interaction between the two increases. We use cyclic architecture to design spatial models that extend further than traditional buildings.

Foreshore presents a spatial reconnaissance of the Dutch coastal foundation zone. This research by design study takes the traditional meaning of architecture, in the form of a building, and expands it. The result is not a single design but describes the spatial aspirations of the coastal zone. The design process for developing the Dutch coast can be divided into seven stages, each with its own individual architectural intelligence.

Opleiding _ Place of education
AAS Tilburg
Studierichting _ Specialization
architectuur / architecture
Mentoren _ Tutors
Machiel Spaan, Gert Kwekkeboom, Ad Kil, Ro Koster
Email adressen _ Email addresses
sidneyvanwell@home.nl, n.vandecalseijde@outlook.com,
info@nbarchitecten.nl

Sidney van Well, Niek van de Calseijde, Nicky Kouwenberg

Cooperative Commons_ *Het project ontwikkelt de ultieme Cooperative Commons, waarbij het inspeelt op de belangen van de verschillende actoren, het idee van de tijd en de spanning tussen het materiële en immateriële geheugen van de stad.*
This project develops the ultimate Cooperative Commons, which deals with the interests of the different actors, the notion of time and the tension between the tangible and intangible memory of the city.

A   **Interventie 1 Forum /** Intervention 1 Forum
Op het Plaza Rosario is een verzonken auditorium ontworpen omlijst door een colonnade die de centrale ruimte van het plein articuleert. Het ontwerp voorziet in werkplekken voor de schoenpoetsers, smaragd handelaren en handwerkslieden die momenteel ook al op het plein verblijven. Ook voor andere activiteiten zoals de warenmarkt is er ruimte gereserveerd. /
A sunken auditorium has been designed on Plaza Rosario, surrounded by a colonnade articulating the plaza's central area. The design constructs workplaces for the shoeshine boys, emerald dealers and craftsmen currently active in the plaza. Space has also been reserved for other activities including the food market.

B   **Interventie 2 Woonkamer /** Intervention 2 Livingroom
Op twee plaatsen wordt het thema van het openbare interieur verkend. Het ontwerp bestaat uit het creëren van plekken met een verschillend karakter door middel van meubilair. Luifels die op verschillende hoogten tussen de gevels worden gespannen vormen meer of minder intieme ruimten. Meubels faciliteren zitruimten, verkooppunten en ruimten waar kleine groepen kunnen verblijven. / The theme of public interior has been explored at two locations. The design is all about creating places of different character using furniture. Awnings stretched between the facades at various heights form more or less intimate spaces. Furniture is used to create seating areas, sales areas and spaces where small groups of people can spend time.

Valentina Bençic, Yoana Yordanova

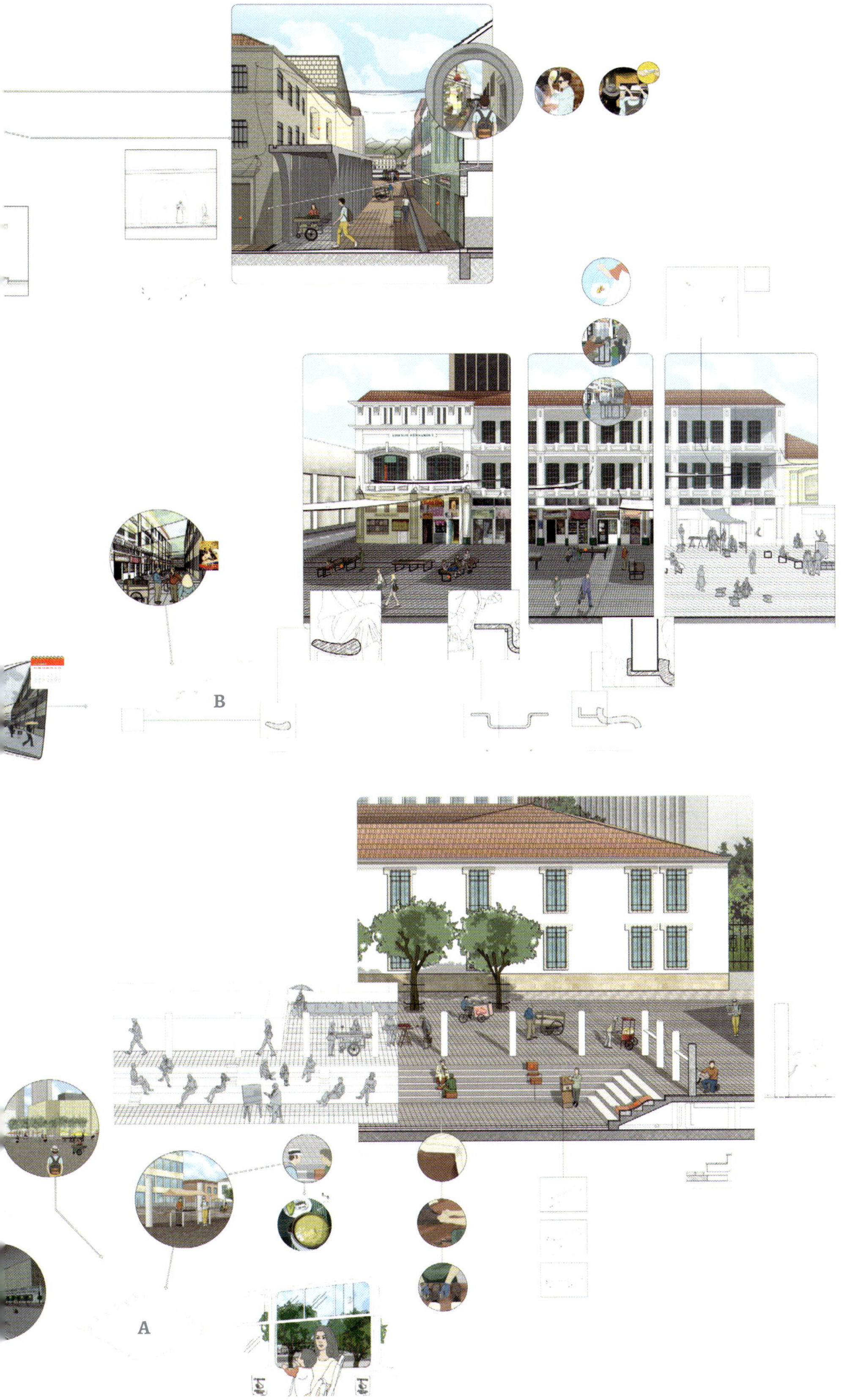

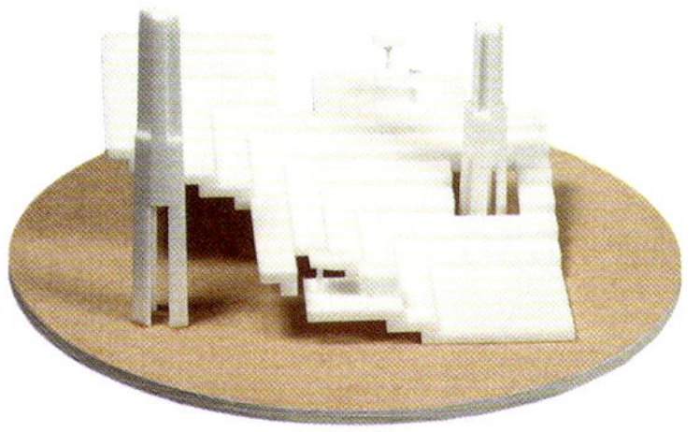

A

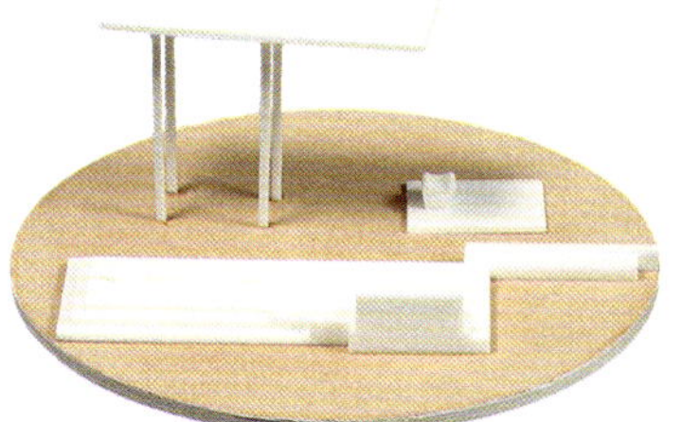

B

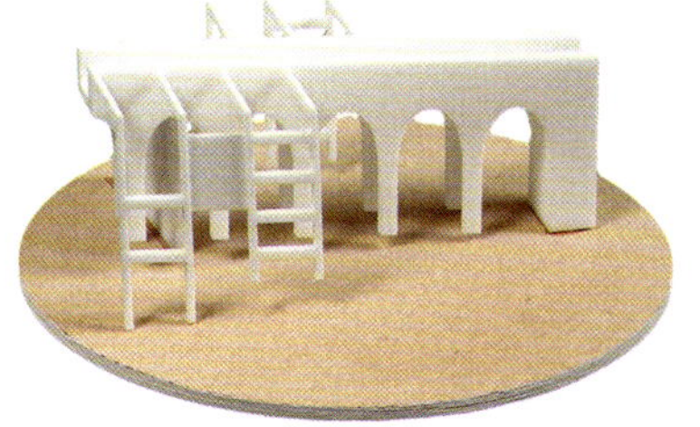

C

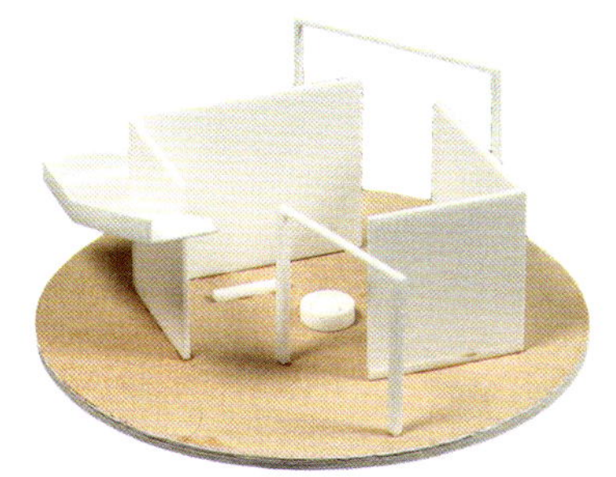

D

C   **Interventie 3 Promenade** / Intervention 3 Promenade
Deze interventie is gesitueerd op een plaats waar twee gebieden met een geheel verschillend sociaal karakter met elkaar botsen. De beide sferen worden bij elkaar gebracht middels een arcade die plaats biedt aan plaatselijke activiteiten. De arcade is strategisch geplaatst aan een blinde gevel en fungeert niet alleen als een container voor de activiteiten maar accentueert tegelijkertijd de verschillende zones zoals de ingang van de kerk, de passage en de straat. /
This intervention is sited at a place where two areas of an utterly different social nature clash. The two ambiences are brought together by an arcade, which provides a venue for local activities. This arcade is strategically sited along a blank wall and not only serves as a receptacle for the above activities but also accentuates the various zones, e.g. the entrance to the church, the shopping mall and the street.

D   **Interventie 4 Void** / Intervention 4 Void
Op een restruimte in een bouwblok stelt het plan een verborgen oase voor. Een nauwelijks gearticuleerde ruimte die gevormd wordt door drie wanden tegenover een belangrijke entree. In de leegte bevinden zich een grasveld, een waterpartij en een plaats waar je kan zitten. /
The project proposes a secluded oasis in a leftover space inside a city block, a scarcely articulated space formed by three walls opposite an important entrance. In it are a lawn, a water feature and a place to sit.

Valentina Benčic, Yoana Yordanova

Het project ontwikkelt de ultieme Cooperative Commons, waarbij het inspeelt op de belangen van de verschillende actoren, het idee van de tijd en de spanning tussen het materiële en immateriële geheugen van de stad.

Het vertrekpunt van ons onderzoek was het centrum van Bogotá, Colombia. Het is een waardevol deel van het stedelijk weefsel, heeft een grote gelaagdheid, waaronder sporen van het verleden. Hoewel het centrum van Bogotá veel veranderingen heeft ondergaan, zoals de destructieve Bogotazo rellen in 1948, is het een waardig en waardevol onderdeel van de stad gebleven. Deze fascinerende veerkracht leidde tot de ontdekking van het concept van het immateriële geheugen van de stad. Dit afstudeerproject onderkent het grote belang daarvan. Het immateriële geheugen is onder meer terug te vinden in lokale gebruiken en rituelen zoals straatverkoop en smaragd handel. Dankzij het prettige klimaat overspoelen deze activiteiten de straten en openbare ruimten van de stad.

Om die reden exploreert het project, als een stedelijk laboratorium, het idee van de Commons in het historische centrum van Bogotá. Door een methode te gebruiken die de sociale praktijken en de architectuur bestrijkt wordt het project zelf de ultieme commons waarbij het de verschillende actoren betrekt alsook de tijd en de spanning tussen het sociale en het fysieke.

Cooperative Commons onderzoekt verschillende mogelijkheden om complexe stedelijke werkelijkheden weer op te laden, zoals het historische centrum van Bogotá. We hebben verschillende tactieken van de overheid gezien. Sommige gericht op sociale hervorming, andere op fysieke ingrepen bedoeld om de stad te revitaliseren. Beide benaderingen hadden kortstondig succes, wat bij ons vragen opriep over de achterliggende methodologie. Wij willen een nieuwe aanpak verkennen die de rijkdom, veerkracht en zelfherstellende eigenschappen van de straat voorop stelt. Het proces van het creëren van de commons starten we vanuit zowel de sociale als de fysieke kenmerken. Het project definieert de commons niet meteen als een plaats. Dat wil niet zeggen dat het geen fysieke presentie heeft, maar dat het wordt gestuurd door een reeks van actoren door de tijd. Simpel gezegd, de commons worden gemaakt wanneer verschillende actoren en hun belangen samenkomen.

Het laboratorium van de Cooperative Commons daagt onze ambities en manier van werken uit. Het krijgt gestalte in een reeks helder omschreven stappen. Eerst introduceerden we vier verschillende posities, elk met een verschillende plaats in het spectrum tussen sociaal en fysiek. Vervolgens ontwikkelden we een reeks principes als basis voor architectonische strategieën die een antwoord geven op de problematiek van het centrum. In de derde plaats identificeerden we vier stedelijke situaties waarin we willen interveniëren. Elke interventie geven we een thema mee, zoals Forum, Woonkamer, Promenade en Void. Tenslotte hebben we een collectie van interventies ontworpen die reageren op de uiterst complexe context en die de potenties van de fysieke omgeving tot het uiterste uitbuiten.

This project develops the ultimate Cooperative Commons, which deals with the interests of the different actors, the notion of time and the tension between the tangible and intangible memory of the city.

Our investigation stepped off from the centre of Bogotá, Colombia. It is a valuable part of the urban fabric and has many layers, including traces of the past. Although the centre of Bogotá has undergone many changes, including the destructive Bogotazo riots in 1948, it remains a worthy and valuable part of the city. This fascinating resilience led us to discover the concept of the intangible memory of the city. Our graduation project acknowledges the great importance of this aspect. The intangible memory can be found in, among other things, local customs and rituals such as street vending and the emerald trade. Given the agreeable climate, these activities are all over the city's streets and public spaces.

It is for this reason that the project, acting as an urban laboratory, explores the idea of the Commons in the historic centre of Bogotá. In wielding a method that encompasses not only architecture but also social practices, the project itself becomes the ultimate commons involving the different actors, the notion of time and the tension between the social and the physical.

Cooperative Commons explores the various possibilities of recharging complex urban realities like the historic centre of Bogotá. We observed different government tactics, some targeting social reform, others physical interventions intended to revivify the city. Both approaches were only briefly successful, which caused us to question the underlying methodology. We wanted to explore a new approach, one that would give priority to the richness, resilience and self-healing qualities of the street. We embarked on the process of creating the Commons from both the social and physical characteristics. The project does not define the Commons specifically as a place; this is not to say that it lacks a physical presence, but that it is guided by a series of actors performing through time. Simply put, the Commons are created when different actors and their interests converge.

The laboratory of the Cooperative Commons challenges our ambitions and working methods. It has crystallized in a succession of clearly described steps. First we introduced four positions, each with its own place in the spectrum between social and physical. Then we developed a series of principles as a basis for architectural strategies that seek to resolve the issues affecting the city centre. In the third place we identified four urban situations in which we want to intervene. To each intervention we gave a theme, successively, Forum, Livingroom, Promenade and Void. Lastly, we designed a collection of interventions that respond to the exceedingly complex context and exploit the potentials of the physical environment to an extreme.

02　**Interventie 4 Void** / *Intervention 4 Void*
Op een restruimte in een bouwblok stelt het plan een verborgen oase voor. Een nauwelijks gearticuleerde ruimte die gevormd wordt door drie wanden tegenover een belangrijke entree. In de leegte bevinden zich een grasveld, een waterpartij en een plaats waar je kan zitten. / *The project proposes a secluded oasis in a leftover space inside a city block, a scarcely articulated space formed by three walls opposite an important entrance. In it are a lawn, a water feature and a place to sit.*

Opleiding _ Place of education
TU-Delft
Studierichting _ Specialization
architectuur / *architecture*
Mentoren _ Tutors
Klaske Havik, Jorge Mejia Hernandez, Pierre Jennen
Email adressen _ Email Addresses
val.bencic@gmail.com, yoana.yordanova@ymail.com

Valentina Benčic, Yoana Yordanova

At the Edge — of the Land, of the Ocean, of Change_

Het ontwerp richt zich op het klimaatbestendig maken van Asbury Park, een klein kustplaatsje in New Jersey (USA) met een grote afhankelijkheid van toerisme. *The design seeks to make Asbury Park, a small coastal town in New Jersey (USA) with a heavy dependence on tourism, able to withstand storms.*

01

02

03

04

01 John vertolkt in de documentaire film een van de vele perspectieven voor klimaataanpassing langs de Jersey Shore. De film bereikt veel mensen en organisaties en draagt bij aan de lokale discussie over de toekomst. / In the documentary, John illustrates one of the many perspectives on climate adaptation along the Jersey Shore. The film reaches a large audience of individuals and organizations and contributes to local discussion about the future.

02 Een door crowdfunding gefinancierde duinovergang herinnert aan de gevolgen van Sandy en vormt een eerste stap naar een nieuw kustbeheer. / A dune crossing financed by crowdfunding is a reminder of the consequences of Sandy and is a first step towards a new form of coastal management.

03 Tijdelijke strandwoningen zijn van economisch belang, zijn geen belemmering voor de duinvorming en vormen een waterkering tijdens een orkaan. / Temporary beach houses are important economically, are no obstacle to dune formation and present a barrier during a hurricane.

04 De eerste verdedigingslinie op het strand is laag genoeg om er overheen te kunnen kijken. De tweede linie is klaar voor de volgende Sandy en voorziet tegelijkertijd in de toeristische infrastructuur. Een fietsroute biedt een nieuwe ongekende manier om de kust te ervaren. / The first defence line on the beach is low enough to be able to look over. The second line is ready for the next Sandy and also serves the tourist infrastructure. A cycle route provides the opportunity to experience the coast as never before.

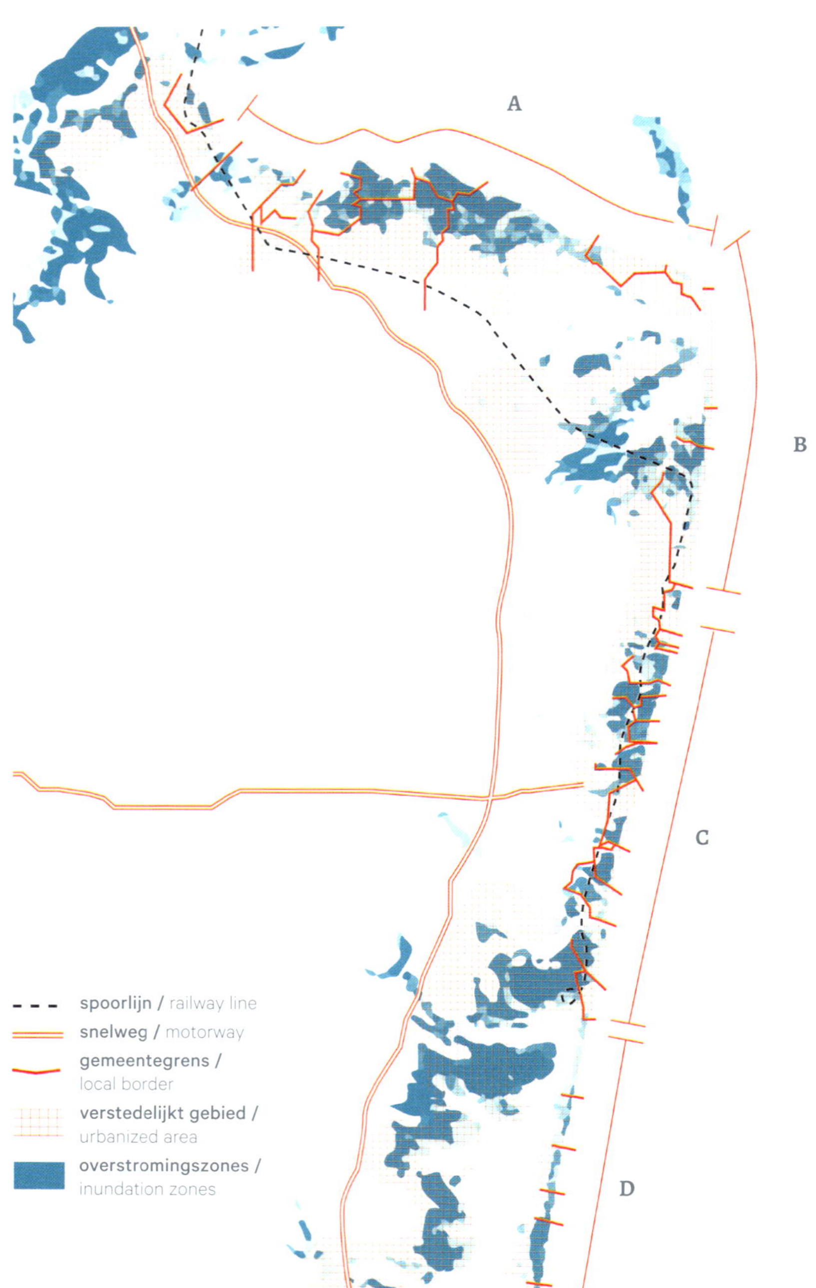

05

06

05 Risico landschapseenheden kaart. Het overstromingsrisico neemt toe met de hoogte van de investeringen ter plaatse, zoals stedelijke ontwikkelingen in kwetsbare zones. Door de versnippering van de overheidstaken ligt de zeggenschap bij gemeenten en is het vrijwel onmogelijk om het risico op regionaal niveau aan te pakken. / Map of risk landscape units. The risk of flooding increases with the increase in local investment, such as urban developments in vulnerable zones. With government tasks fragmented among local authorities, it is almost impossible to tackle the risk at a regional level.

A Raritan Bay risico: verstedelijkt gebied in overstromingszones / Raritan Bay risk: urbanized area in inundation zones

B Northern Headlands risico: verstedelijkt gebied in overstromingszones / Northern Headlands risk: urbanized area in inundation zones

C Northern Headlands risico: fragmentatie; infrastructuur, economische activiteiten en verstedelijkt gebied in overstromingszones / Northern Headlands risk: fragmentation; infrastructure, economic activities and urbanized area in inundation zones

D Northern Barrier Islands risico: water aan beide zijden, verstedelijkt gebied in overstromingszones / Northern Barrier Islands risk: water on both sides, urbanized area in inundation zones

06 Evenemententerreinen zijn geïntegreerd in de duinen, de belangrijkste vormt een arena van waaruit men films kan bekijken die geprojecteerd worden op het historische theater. / Event spaces integrated in the dunes, the most important being an arena from where you can watch films projected onto an old theatre.

07

De documentaire toont verschillende perspectieven en introduceert belanghebbenden rondom de klimaatadaptatie van de Jersey Shore na Sandy. De film laat contrasterende visies naast elkaar bestaan, vraagt kijkers om begrip voor de complexiteit van de situatie en stimuleert reflectieve discussies over de huidige normen van kustmanagement. Uit participatierondes bleek dat via de film meer bewoners het met elkaar eens waren over duurzamere kuststrategieën. Ook is het filmmateriaal geanalyseerd op common grounds, die samen met de participatierondes de basis vormen voor het ontwerp.

The design seeks to make Asbury Park, a small coastal town in New Jersey (USA) with a heavy dependence on tourism, able to withstand storms. This dependence can be read in the capacious boardwalk and the sea of asphalt where visitors can park, both abutting the ocean.

'At the Edge' transforms the narrow border between land and water into a broad, multi-purpose coastal zone where all local wishes are met in a single inclusive double dune landscape. Even the smallest interventions contribute to this greater goal. Beach access paths stimulate dune formation and encourage thinking about a new form of coastal management. Flexible holiday homes, event spaces in dune valleys and a biking boardwalk engage the dune landscape with the local economy. Permeable parking lots accommodate tourists in the holiday season and are an urban version of the flood plain. The multi-purpose dune landscape draws all these interventions into a safe and attractive coastal zone. This is to inspire and activate coastal towns in the direction of a new form of US coastal management.

There is a desperate need for an all-inclusive approach to the coast. In October 2012, Hurricane Sandy once again underlined the paradox of the attractions and the dangers of coastal dwelling. Soon afterwards, there were plans to rebuild the shore better and stronger than before. Despite these good intentions, large parts of New Jersey were rebuilt exactly as they had been before the storm. It seems a throwback to the essays of Ian McHarg from 1966 in which he describes how the New Jersey shore responds to a destructive hurricane and how the example of Dutch shores should be followed. Fifty years on, this line of argument has still made little headway.

Why this constant repetitive cycle of storm and rebuild? This question has been asked through the medium of academic filmmaking. At the Edge – the Documentary seeks to spark discussion about the future of the Jersey Shore. The design then presents an alternative in which the regional long-term Dutch approach joins forces with local short-term advantages often appealed to by the American culture.

The documentary illustrates different perspectives and introduces many stakeholders surrounding the topic of climate adaptation of the Jersey Shore after Sandy. It juxtaposes contrasting perspectives, asks its viewers to understand the complexity of the situation and stimulates reflective discussion on the current standards of coastal management. From rounds of discussion with participants it transpired that after seeing the film more residents were in agreement about more sustainable coastal protection strategies. The film was analysed in terms of common ground and this together with the rounds of discussion laid the basis for the design.

Het ontwerp richt zich op het klimaatbestendig maken van Asbury Park, een klein kustplaatsje in New Jersey (USA) met een grote afhankelijkheid van toerisme. Dat blijkt onder meer uit de brede boardwalk en de asfalt-zee waar de strandganger kan parkeren, beide vlak langs de oceaan.

Het plan '*At the edge*' transformeert de smalle grens tussen land en water tot een brede, multifunctionele kustzone waarin alle lokale wensen worden opgenomen in één overstijgend dubbel-duinlandschap. Zelfs de kleinste ingrepen dragen bij aan dit grotere doel. Strandopgangen stimuleren duinvorming en zetten aan tot nadenken over een nieuwe vorm van kustmanagement. Flexibele seizoenswoningen, evenementen ruimten in duinvalleien en een fiets-boardwalk verbinden het duinlandschap met de lokale economie. Waterdoorlatende parkeerplaatsen geven plek aan toeristen in het hoogseizoen en vormen tijdens een storm een stedelijke variant van uiterwaarden. Het multifunctionele duinlandschap verbindt al deze ingrepen tot een veilige en aantrekkelijke kustzone. Zo worden kustplaatsen geïnspireerd en geactiveerd in de richting van een nieuwe vorm van kustbeheer in Amerika.

Een dergelijke integrale aanpak van de kust is hard nodig. In oktober 2012 onderstreepte 'Superstorm' Sandy wederom de paradox van de aantrekkelijkheid en het gevaar van leven aan de kust. Snel daarna, kwamen er plannen om de kust beter en sterker te herbouwen. Ondanks deze goede bedoelingen werden grote delen van New Jersey precies teruggebouwd zoals ze voor de storm waren. Het lijkt een déjà vu naar de essays van Ian McHarg uit 1966 waarin hij beschrijft hoe de kust van New Jersey reageert op een verwoestende orkaan en een voorbeeld zou moeten nemen aan Nederlandse kusten. Nu, vijftig jaar later, lijkt deze discussie nauwelijks verder gekomen te zijn.

Waarom herhaalt deze cyclus van storm en herbouw zich elke keer weer? Deze vraag wordt gesteld via academisch filmmaken. Met de film 'At the Edge - the Documentary' wordt de discussie over de toekomst van de Jersey Shore gestimuleerd. Het ontwerp toont vervolgens een alternatief waarin de regionale, lange termijn aanpak van de Dutch Approach samengaat met lokale, korte termijn voordelen waar de Amerikaanse cultuur vaak om vraagt.

---

07   **De beschermingszone tegen overstromingen ligt achter de promenade teneinde de blik op de oceaan niet te hinderen. De gebouwen langs de promenade maken samen met de duinen deel uit van het versterkte kustlandschap.** / The flood protection zone lies behind the boardwalk so as not to impede the view of the ocean. The buildings along the boardwalk combine with the dunes to strengthen the coastal landscape.

Opleiding _ Place of education
Wageningen University
Studierichting _ Specialization
landschapsarchitectuur / *landscape architecture*
Mentoren _ Tutors
Ingrid Duchhart, Kevin Raaphorst, Cees van der Veeken, Ilja Kok, Anouk Saint Martin
Email adres _ Email address
mjnoest@gmail.com

Marit Noest

A Bigger Wall — frames of Addis Ababa

Dit project presenteert een nieuwe woonvorm die de huidige stedelijke ontwikkeling van Addis Ababa wil uitdagen en daarbij tegemoet wil komen aan de noden van de lagere klassen die in de sloppenwijken van de stad wonen. This project presents a new form of dwelling that seeks to challenge the current urban development of Addis Ababa and address the needs of the lower classes living in the slum areas of that city.

01

02

03

04

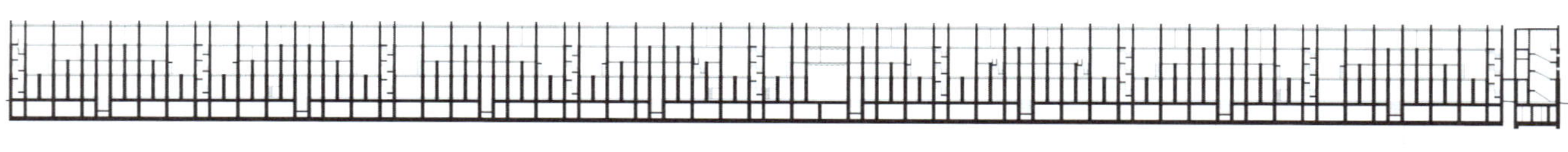

05

01 Dubbelhoge gemeenschappelijke ruimte op de eerste verdieping / Double-height communal area on first floor
02 Kamer op de bovenste verdieping / Room on top floor
03 Gevel aan binnenzijde bouwblok / Elevation on inner side of block
04 Straatgevel / Street elevation
05 Langsdoorsnede / Longitudinal section

Andrea Migotto

06

07

08

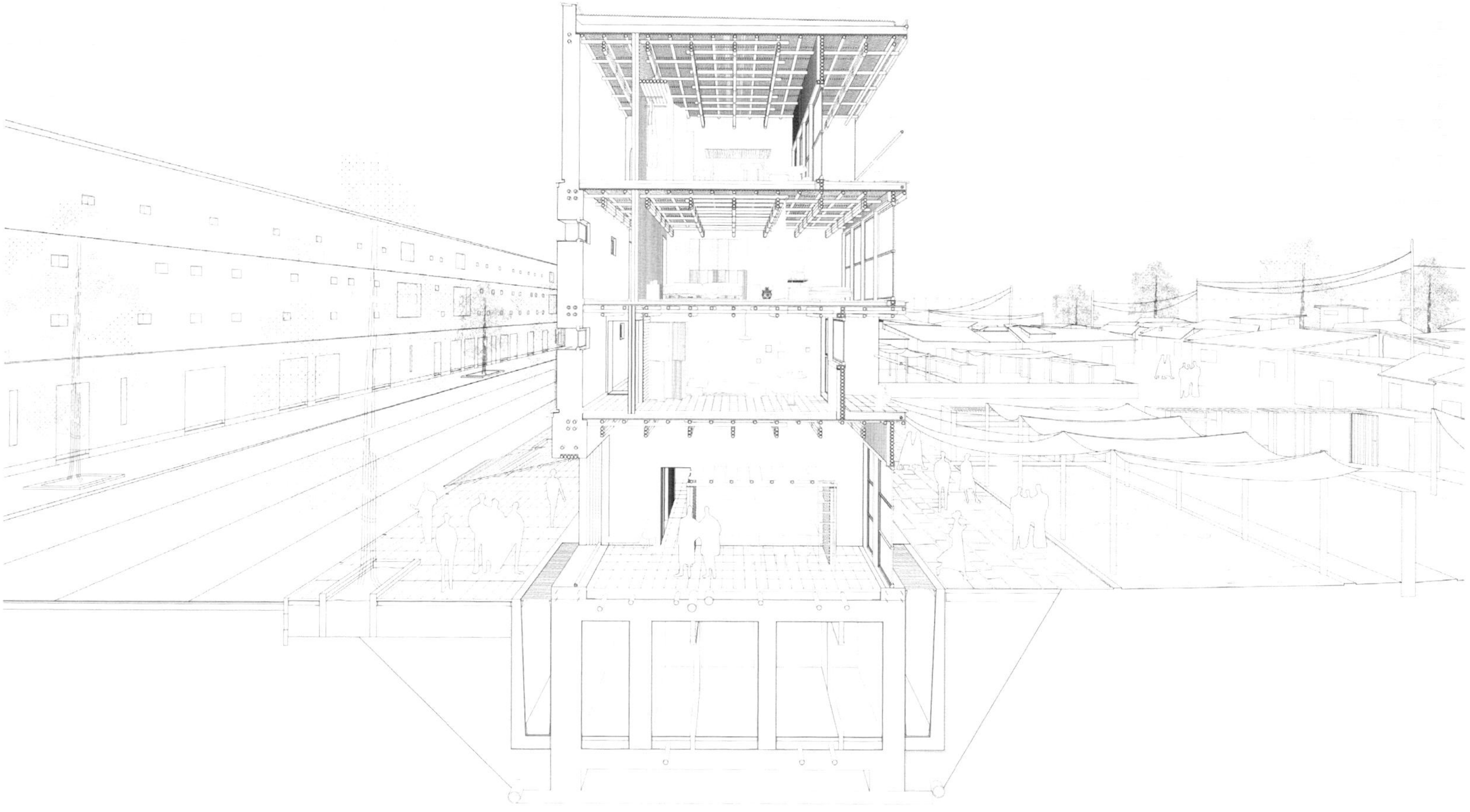

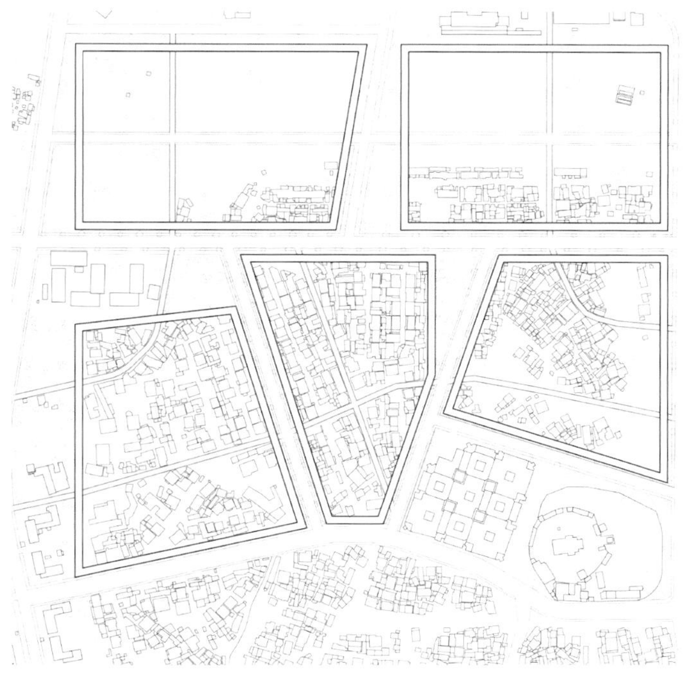

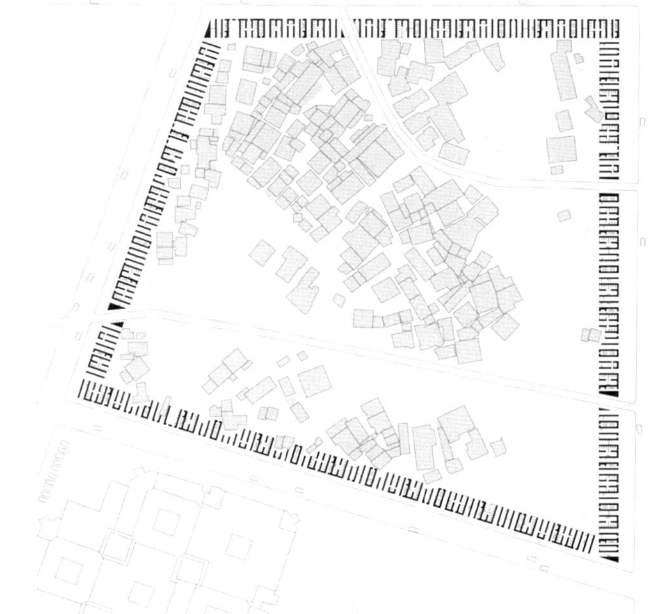

06 **Doorsnede perspectief /** Sectional perspective
07 **Principe plan /** Typical layout of frames
08 **Plattegrond van één van de frames /** Plan of one of the frames

09

De frames definiëren de nieuwe buurten van Addis. Ze functioneren als een infrastructuur met basisvoorzieningen die ruimte biedt voor ontmoeting en werk. Zo bieden ze de huidige slumbewoners van het gebied aanknopingspunten voor hun ontwikkeling. Het centrum van het 'frame' wordt gaandeweg bevrijd van de slum en is dan klaar om publieke en private ontwikkelingen te accommoderen.

De formele logica van het plan berust op een rücksichtsloze repetitie van dragende wanden die eenvoudigweg de ruimten in het gebouw definiëren. Het gebouw functioneert als de ruggengraat voor een redelijk minimum voor een eerlijk en eenvoudig leven van haar bewoners. Daarbij sluit het aan bij de gebruiken en het ethos van de Ethiopische levensstandaard. De opzet van de ruimten is zo gekozen dat ze geen specifiek gebruik opleggen maar differentiatie en groei faciliteren.

Constructies van stampleem maken een flexibele en abstracte vorm mogelijk waarmee de ruimten aangepast kunnen worden. De geringe kosten en het gebruik van lokale technieken bereiden, anders dan bij gebruik van geïmporteerd beton, de weg voor een minder belastende ontwikkeling.

This project presents a new form of dwelling that seeks to challenge the current urban development of Addis Ababa and address the needs of the lower classes living in the slum areas of that city.

At present, Addis Ababa is in the throes of an inexorable urban upheaval. Public and private investments, particularly from abroad, are dictating the city's future. Building production has never been greater. Large parts of the old fabric of Addis are being wholly redesigned. Modern high rise and gated communities mark a spatial and social break with the past. The poorer inhabitants are being relocated from the centre to the periphery of Addis, effectively disrupting social unity and job opportunities. My project seeks to develop a narrative approach to developing the slum areas in the decades to come. This is to avoid the total destruction of social and spatial interaction in the centre. It introduces urban 'frames' as a prototypical dwelling form for the city. Their purpose is to relate the scale of the city to that of the day-to-day life of its inhabitants. This model advances social cohesion and will result in an inclusive city. It offers, within the context of the market-oriented logic of Addis's development, an alternative to current housing production practice in which land value, exploitation and expropriation hold sway.

The frames define the new neighbourhoods of Addis. They serve as an infrastructure of basic facilities that makes space for encounter and work. This holds out opportunities for those now living in the slum areas to develop. The frame's centre is gradually freed of slums and primed to accommodate developments both public and private.

The plan's formal logic is rooted in a relentless repetition of structural walls which straightforwardly define the internal spaces. The building acts as a backbone to provide a reasonable minimum for its inhabitants to live simply and honestly. In so doing it locks into the customs and ethos of Ethiopian living standards. The spaces are configured so as not to impose a specific use but to accommodate differentiation and growth.

Rammed earth constructions enable a flexible and abstract form that allows its spaces to be adapted. Minimal costs and the use of local techniques, rather than importing concrete from elsewhere, pave the way for a less taxing development.

Dit project presenteert een nieuwe woonvorm die de huidige stedelijke ontwikkeling van Addis Ababa wil uitdagen en daarbij tegemoet wil komen aan de noden van de lagere klassen die in de sloppenwijken van de stad wonen.

Momenteel is de stad onderhevig aan niets ontziende stedelijke ontwikkelingen. Publieke en private investeringen, vooral uit het buitenland, bepalen de toekomst van de stad. De bouwproductie is hoger dan ooit. Grote delen van het oude stedelijk weefsel van Addis worden opnieuw ingericht. Moderne hoogbouw en gated communities markeren een ruimtelijke en sociale breuk met het verleden. De armere inwoners worden verplaatst van het centrum naar de rand van de stad waardoor de sociale eenheid en de kans op werk verstoord worden. Met het project wil ik een narratieve visie op de ontwikkeling van de sloppenwijken ontwikkelen voor de komende decennia. Daarbij moet de totale vernietiging van de sociale en ruimtelijke interactie in het centrum voorkomen worden. Stedelijke 'frames' worden geïntroduceerd als een prototypische woonvorm voor de stad. Hiermee moeten de stedelijke schaal en de schaal van het dagelijks leven van de inwoners met elkaar in verband worden gebracht. Dit model bevordert de sociale cohesie en leidt tot een inclusieve stad. Het draagt in de context van de marktgeoriënteerde logica van de ontwikkeling van Addis een alternatief aan voor de huidige praktijk van de woningbouwproductie waarin de waarde van de grond, exploitatie en onteigening de hoofdrol spelen.

09 **Axonometrie van het stedelijke frame** / *Axonometric of urban frame*

Opleiding _ Place of education
TU-Delft
Studierichting _ Specialization
architectuur / *architecture*
Mentoren _ Tutors
Nelson Mota, Dick van Gameren, Tom Avermaete, Klaske Havik
Email adres _ Email address
andrea.migotto.am@gmail.com

Andrea Migotto

Frame-of-frames _ *In het gebied rond het paleis van het parlement in Boekarest onderzoekt dit project theorieën over framing van een landschap.* This project explores theories about framing a landscape in the area around the Palace of the Parliament in Bucharest.

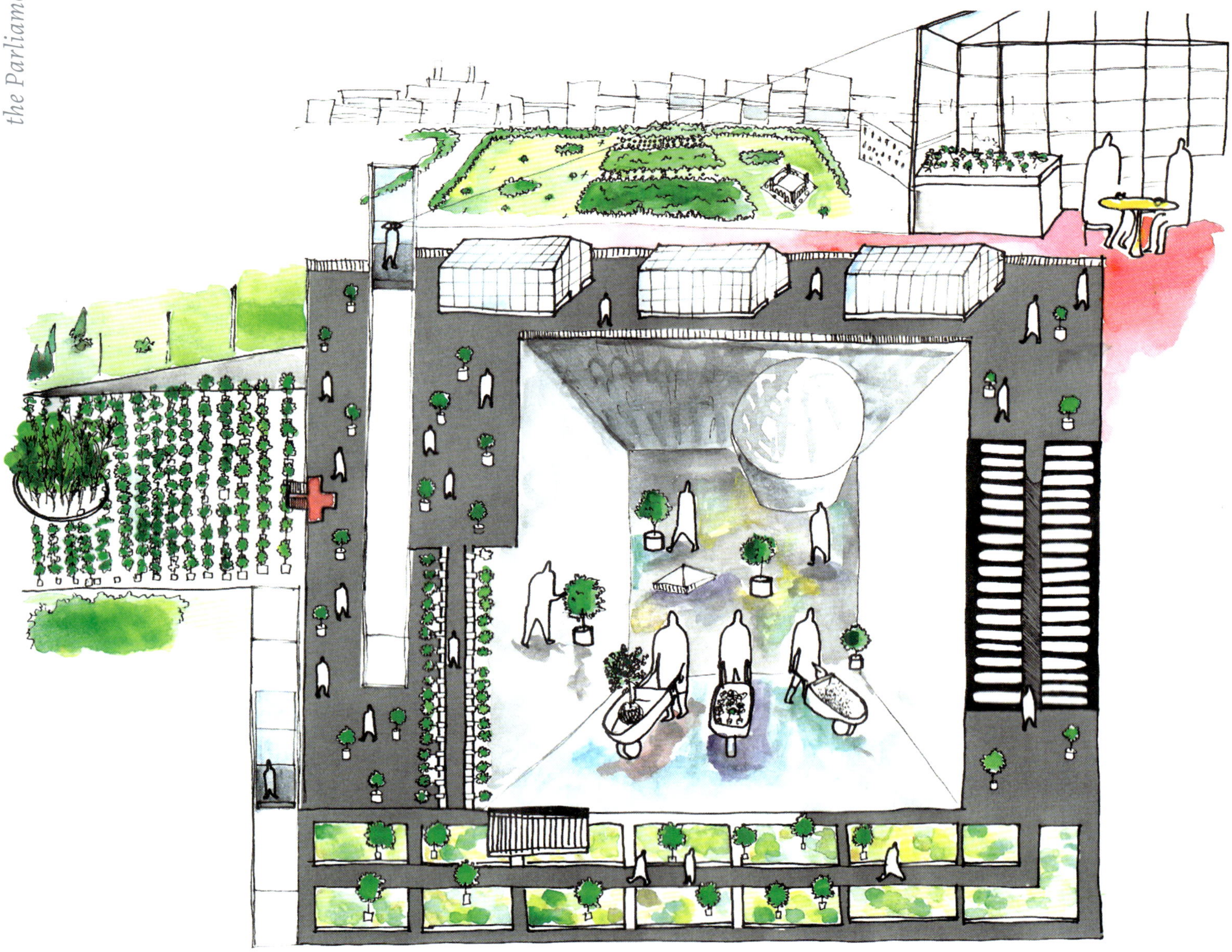

01 **Boomkwekerij** / Tree nursery

02

03

04

05

02 **Plattegrond met een overzicht van de onderdelen van het plan. /** Plan giving an overview of the project's components

- A **topografie /** topography
- B **route voor langzaam verkeer /** slow traffic route
- C **veld, infrastructuur /** field, infrastructure
- D **tuin, amfitheater /** garden, amphitheatre
- E **tuin, boomkwekerij /** garden, tree nursery
- F **tuin, boomgaard /** garden, orchard
- G **tuin, middenberm /** garden, central reserve
- H **bosstrook /** wooded area

03 **Amfitheater en voorzieningen grid. De infrastructuur bestaat uit watervoorziening, elektriciteit, licht in een raster van 60 bij 60 meter. Op de kruispunten is voorzien in multifunctioneel meubilair. /** Amphitheatre and facilities grid. The infrastructure consists of water supply, electricity and light in a grid of 60 x 60 m. The intersections are fitted out with multi-purpose furniture.

04 **Middenbermen worden voorzien van een dichte beplanting van haagbeuken waardoor ze geschikt worden voor het spelen van het populaire ping-pong spel. /** Central reserves are provided with a dense cover of hornbeams, making them suitable for playing the popular game of ping-pong.

05 **Boomgaard /** Orchard

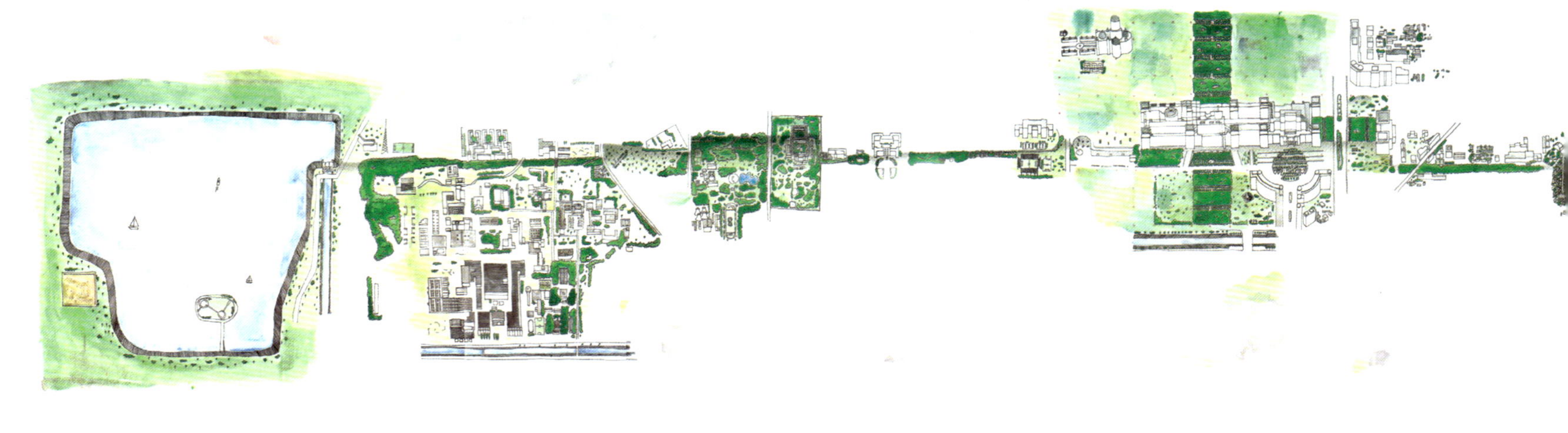

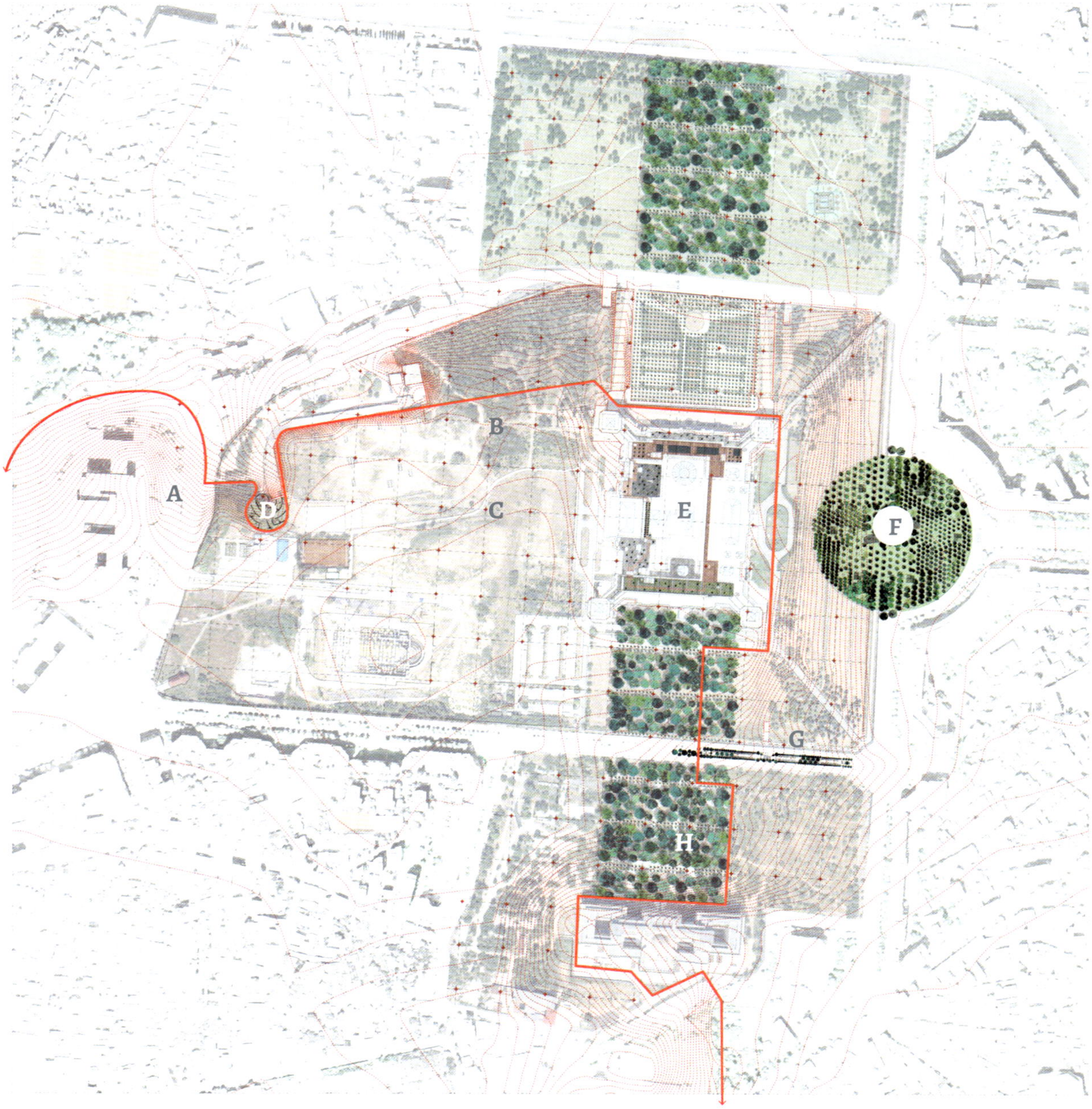

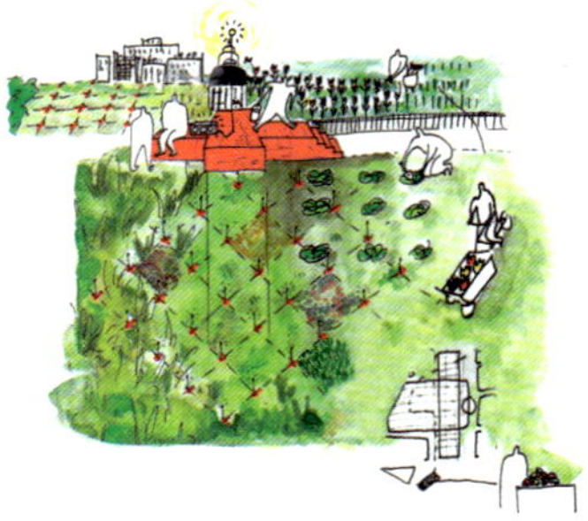

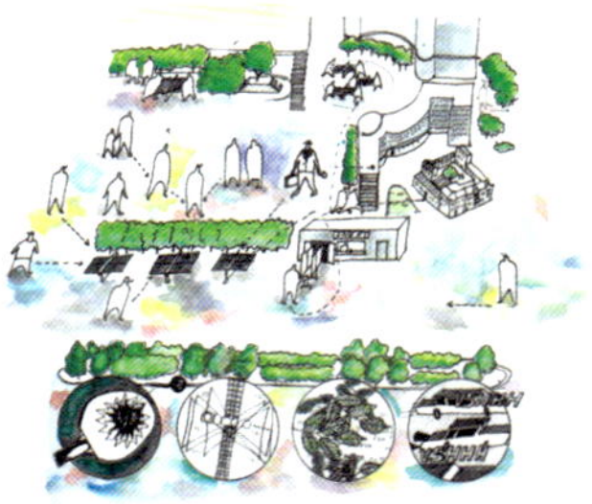

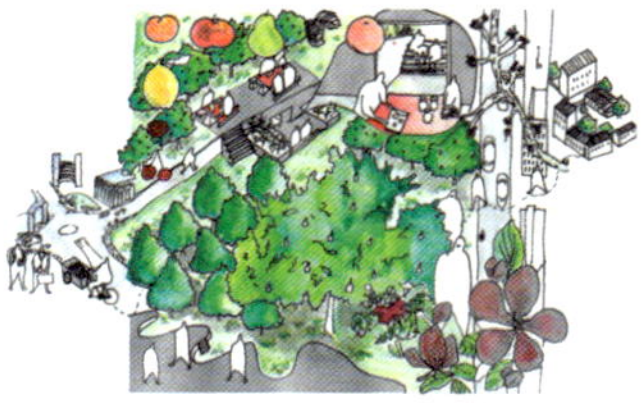

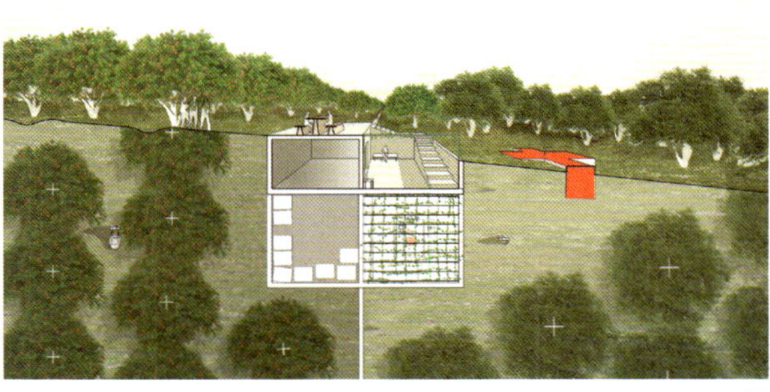

In het gebied rond het paleis van het parlement in Boekarest onderzoekt dit project theorieën over framing van een landschap.

Een grootschalig project van stedelijke vernieuwing uit 1986 werd door de revolutie van 1989 niet voltooid. Het resultaat bestaat uit een net niet afgebouwd buitenproportioneel groot paleis te midden van het oude stedelijk weefsel, bouwblokken uit het einde van de communistische periode en in onbruik geraakte overwoekerde percelen. De problematiek van de locatie is deels terug te voeren op de schaal van het paleis.

Het concept van het frame levert een bruikbaar uitgangspunt op voor een kritische heroverweging van de relatie van de locatie met de stad, alsook van de wijze waarop een landschapsarchitectuur project de continuïteit van het stedelijk landschap door de schalen heen kan framen. In dit project laat ik het frame voor wat het is en focus in plaats daarvan op wat het doet. Het veroorzaakt een scheiding en creëert een situatie van insluiting en uitsluiting. In Boekarest wijst de analyse op het belang van de topografie van de bedding van de Dâmbovița rivier die een sleutelrol speelt in de structurering van het gebied. Mijn strategie is erop gericht om de mechanismen van framing in te zetten om met grote precisie en intensiteit een centraal stedelijk landschap uit te werken. Daarbij vormt een verscheidenheid aan parken een samenhangend geheel dat uitstijgt boven de initiële frames.

De ontwerpstrategie bestaat uit een reeks interventies die geselecteerd zijn op basis van hun vermogen om de bestaande frames van de site te reframen en te vernieuwen. Het ontwerp manifesteert zich als een aantal componenten, of frames, op verschillende schaalniveaus. In de eerste plaats wordt de locatie opnieuw geframed door vier tuinen die op basis van de bestaande geomorfologie gesitueerd zijn langs de krommingen van de heuvelrug. De tuinen zijn verbonden door een route voor langzaam verkeer, terwijl een grid met voorzieningen een infrastructuur vormt voor de uitbreiding van de parkstrook en voor informele functies. Een bosstrook ter breedte van het paleis neutraliseert de prominente aanwezigheid ervan en brengt samen met nieuwe componenten eenheid op de locatie. De strategie maakt gebruik van frames-in-frames om de locatie opnieuw te articuleren en uit te werken tot ver voorbij haar eigen frames in een serie parken die vele schaalniveaus omspannen en zich uitstrekken over het landschap van Boekarest.

This project explores theories about framing a landscape in the area around the Palace of the Parliament in Bucharest.

A major urban renewal project begun in 1986 was left incomplete by the revolution of three years later. The result is a not quite finished, disproportionately large palace in the midst of the ancient urban fabric, city blocks from the end of the Communist period and neglected and overrun plots. The problems on site are partly to blame on the palace's vast scale.

The concept of the frame provides a workable platform from which to critically review the relationship between the site and the city as well as the way a landscape architecture project can frame the continuity of the urban landscape across all scales. In this project, I accept the frame for what it is and instead focus on what it does. It causes a division, creating a situation of inclusion and exclusion. In Bucharest, the analysis points out the importance of the topography of the bed of the Dâmbovița River, which plays a key role in structuring the area. My strategy is targeted at using the mechanisms of framing to develop with great precision and intensity a central urban landscape. This enables a wide variety of parks to gel in a totality that transcends the initial frames.

The design strategy consists of a series of interventions selected on the basis of their capacity to reframe and renew the existing frames of the site. The design itself takes the form of a number of components, or frames, at different scales. Firstly, the site is reframed by four gardens which, stepping off from the existing geomorphology, are ranged along the curves of the ridge of hills. The gardens are stitched together by a slow traffic route, while a grid of facilities is the infrastructure for extending the strip of parkland and for informal functions. A wooded area the width of the palace neutralizes the latter's dominant presence and together with new components brings unity to the site. The strategy makes use of frames-in-frames to re-articulate the site and develop it far beyond its own frames in a series of parks spanning many scales and extending across the landscape of Bucharest.

06 **Uitgevouwen reeks van frame-of-frames als onderdeel van het uitgestrekte park op de heuvelrug van Boekarest. /** Unfolded series of frame-of-frames as part of the expansive park atop the hills of Bucharest.

07 **Boomgaard /** Orchard
Een productief landschap voor openbaar gebruik, de bomen kunnen gehuurd worden door stadsbewoners. De teelt van inheemse fruitrassen grijpt terug op een periode waarin elk huis zijn eigen boomgaard had. / A production landscape for public use, the trees can be rented by city dwellers. The cultivation of indigenous fruit varieties harks back to an age when every house had its own orchard.

Opleiding _ Place of education
TU-Delft
Studierichting _ Specialization
landschapsarchitectuur / *landscape architecture*
Mentoren _ Tutors
Saskia de Wit, Stavros Kousoulas, Claudiu Forgaci
Email adres _ Email address
m5alexandrescu@gmail.com

O1 Groei van de maakindustrie in het Hackney Wick bouwblok /
Growth of the manufacturing industry in the Hackney Wick city block

A huidige situatie, de bedrijvigheid is gescheiden van elkaar in verdeelde kavels. /
present situation, with economic activity separated up among divided lots.

B patch, de kade wordt onderdeel van het publieke domein. Erfgoed, bouwenvelop en werkplekken worden in kaart gebracht. / patch, the river bank becomes part of the public domain. Heritage, building envelope and workplaces are mapped out.

C pionier, de eerste ontwikkelingen door de pioniers starten op de lege kavels. /
pioneer, the first developments by the pioneers begin on the empty plots.

D bouwen, kleinere loodsen worden getransformeerd voor nieuwe woon en werkplekken in relatie tot het binnenhof / building, smaller sheds are transformed to accept new places to live and work in relation to the courtyard

E leven, de kades brengen levendigheid langs het water terwijl de binnenkanten van de blokken intensieve werkplekken bieden voor de maakindustrie. / living, the river banks inject vibrancy along the water while the inner sides of the blocks can accommodate intensive workplaces for the manufacturing industry.

F Axonometrie, werken en wonen in relatie met lokale gemeenschappen /
Axonometric view of working and living in relation to local communities

G Ontwikkeling met betrokken stakeholders van een prototype High Street blok in Hackney / Development with stakeholders of a prototype High Street block in Hackney
_ inwoners: collectieve initiatieven (CPO) / residents: joint initiatives (CPO)
 lokale maakindustrie: Ruimte om te produceren en de binnenhoven te gebruiken /

02

03

local manufacturing: Space to produce and to make use of the courtyards
_ **ontwikkelaars/investeerders: Investeringen in nieuwe woon en werk typologieen /** developers/investors: Investments in new types of living and working
_ **creatieve ondernemers: pionierende en creatieve bedrijven hebben werkruimtes in de oudere magazijnen /** creative entrepreneurs: pioneering and creative businesses have work spaces in the older stockrooms
_ **stadsbestuur: het verbinden van de openbare ruimtes om projecten te kunnen starten /** city council: uniting public spaces to be able to start projects
_ **grondeigenaren/national rail: verdeelde landeigenaarschap worden opgekocht en verbonden /** landowners/National Rail: divided landownership is bought up and the land reunited

02 De buitenkant van het bouwblok heeft plekken met potentie, zoals de waterkant die kan transformeren tot prettige ontmoetingsplekken, leefomgevingen en verbindingen met de omgeving. / The exterior of the block has places with potential, such as the waterside, which can transform into congenial meeting places, living environments and links with the surroundings.
03 Binnenkant van een bouwblok in Hackney Wick waar de maakindustrie in de loodsen en in de hof de ruimte krijgt voor produceren en samenwerking. / Interior of a city block in Hackney Wick, where the manufacturing industry in the sheds and in the court has all the space it needs for production and collaboration.

de huidige bedrijvigheid als nieuwe ondernemers. De binnenkanten van de bouwblokken bieden ideale kansen en zullen door de fases heen transformeren van informele broedplaatsen tot unieke binnengebieden waar combinaties van wonen en werken een plek krijgen.

De ontwerpen voor de deellocaties zijn gebaseerd op de toolset. De relatie met de context zorgt voor unieke uitwerkingen die steeds reageren op de specifieke problematiek in relatie met de openbare ruimten, economie en cultureel erfgoed. De maakindustrie van Hackney Wick, de combinatie van onderwijs en mode in Hackney Central en de horeca en het bruisende uitgaansleven in Dalston zorgen voor totaal verschillende sferen in de binnengebieden met elk een specifieke manier waarop wonen en werken elkaar versterken.

The proposal consists of an 'Inclusive London Toolset' and is intended to tackle London's rampant gentrification strategically and more rapidly and draw the different stakeholders together.

The Toolset accords with 'Section 106', the document Mayor Ken Livingstone drew up to combat the problems of a monoculture. Section 106 was an initial gesture to keep differing income groups in the city and introduced rules such as a minimum for social rented units in each new development scheme. Because of a lack of focus, however, London continued to transform in the direction of exclusiveness. London's gentrification is getting increasingly painful, with areas becoming exclusively for the top income group to live and work in. I have taken up Section 106 and reworked it into a more inclusive document. This will encourage speculators and developers to get an initial development more swiftly onto site so as to sooner anchor the sites into the urban life of their inhabitants.

Hackney is a flourishing borough in East London, and until recently had affordable houses and work premises. As a result, the area has a wide variety of residents and users. But Hackney is changing fast. Its ideal location, near the centre of London and abutting the Olympic Park, means that new plans are being rolled out for it in short order. The places in Hackney where High Streets meet railways stations are potentially a key live/work hub. As yet they are empty patches in the urban network owned by speculators waiting for big investments. This is why the borough is unable to adequately meet the great demand for live/work occupancies. Dalston, Hackney Central and Hackney Wick are three areas afflicted with this set of problems, which makes them perfect for my research by design study.

The first step in the designs is to repair the voids in the High Streets, reactivating the streets skirting the sites. Then the location is once again of interest to current economic activity as well as to new entrepreneurs. The inner sides of the blocks provide ideal opportunities and will transform during the various stages from informal incubators to unique inner areas where live/work combinations get a place of their own.

The designs for the sub-locations are based on the toolset. Their relationship with the context fosters unique design solutions that unfailingly respond to the specific problems relating to public spaces, the economy and cultural heritage. The manufacturing industry of Hackney Wick, the combination of education and fashion in Hackney Central and the wining/dining and entertainment in Dalston create totally different ambiences in the inner areas, each with its own way of ensuring that living and working are mutually strengthening.

Het voorstel bestaat uit de 'Inclusive London Toolset' en is bedoeld om de voortschrijdende gentrificatie in Londen strategisch en sneller op te pakken en de verschillende betrokken partijen bij elkaar te betrekken.

De Toolset sluit aan bij het document 'section 106' dat de burgemeester Ken Livingstone opstelde om de problemen van de monocultuur te voorkomen. Section 106 was een eerste gebaar om verschillende inkomensgroepen binnen de stad te houden en bevat regels zoals een minimum voor sociale huurwoningen in elke nieuwe ontwikkeling. Echter door een gebrek aan focus op de uitwerking blijft de stad transformeren richting exclusiviteit. De gentrificatie in Londen wordt steeds pijnlijker, wijken worden exclusief voor de topinkomens zowel om te wonen als om te werken. De section 106 wordt door mij opgepakt en uitgewerkt tot een meer inclusief document. Speculanten en ontwikkelaars zullen sneller aangezet worden een eerste ontwikkeling te realiseren wat de locaties weer sneller verankert in het stedelijk leven van de inwoners.

Hackney is een bloeiend stadsdeel in Oost-Londen met tot voor kort nog betaalbare woningen en werkruimten. De wijk kent daardoor een grote variatie aan inwoners en gebruikers. Maar Hackney transformeert snel. Onder andere door zijn ideale ligging dichtbij het centrum en grenzend aan het olympisch park worden in hoog tempo nieuwe plannen ontwikkeld. De plekken in Hackney waar High Streets kruisen met treinstations zouden in potentie een belangrijk knooppunt voor wonen en werken kunnen zijn. Nu zijn het echter lege plekken in het stedelijk netwerk in bezit van speculanten die wachten op grote investeringen. Daardoor heeft de wijk niet de kans om de grote vraag naar woon- en werkplekken adequaat te beantwoorden. Dalston, Hackney Central en Hackney Wick zijn drie locaties die te kampen hebben met deze problematiek en dus ook exemplarisch voor mijn ontwerpend onderzoek.

De eerste stap in de ontwerpen is het repareren van de leegtes in de High Streets waardoor de straten langs de locaties worden gereactiveerd. De locatie komt opnieuw in de belangstelling van zowel

Opleiding _ Place of education
Rotterdamse Academie van Bouwkunst
Studierichting _ Specialization
stedenbouw / *urban design*
Mentoren _ Tutors
Pieter Jannink, Hiroki Matsuura, Helmut Thoele, Margit Schuster
Email adres _ Email address
barendmense@gmail.com

01

01   **Maquette gebouw /** Model of building

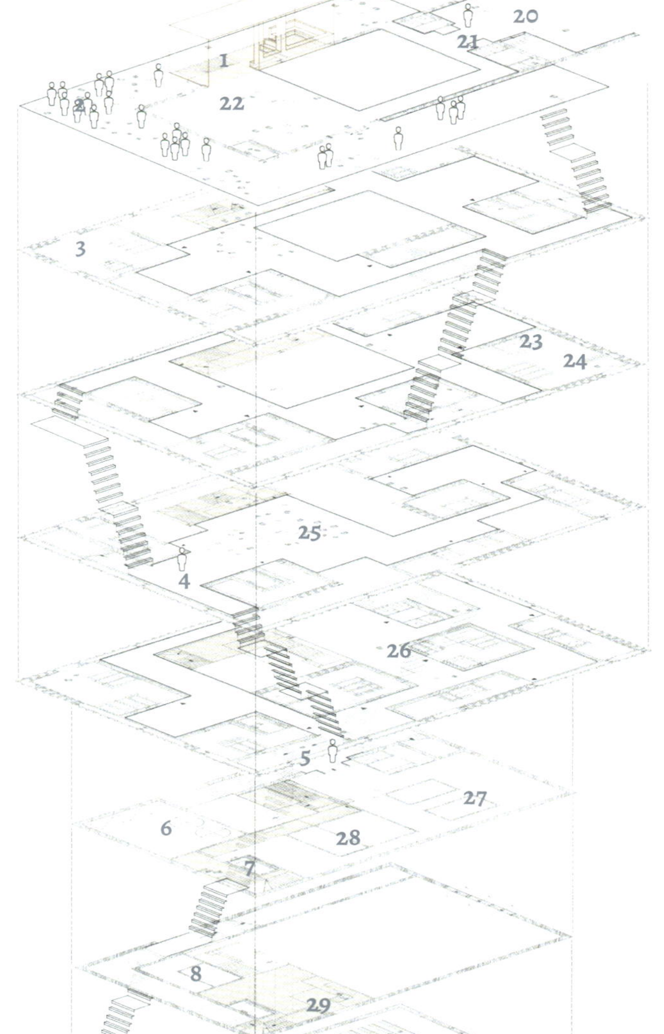

1 Rituele route / Ritual route
2 Het leven vieren / Celebrating life
3 Herdenkingskapel / Memorial chapel
4 Publieke entree uitvaart op de begraafplaats /
 Public entrance to funeral at the cemetery
5 Publieke entree technische crematieruimte /
 Public entrance to cremation area
6 Technische ruimte / Technical area
7 Rituele route, ademplek /
 Breathing space on ritual route
8 Crematieoven / Cremator
9 Rituele route, spreekplaats /
 Ritual route, speaking platform
10 Publieke entree, ceremoniële uitvaart /
 Public entrance, ceremonial funeral
11 Buitenterras / Open-air terrace
12 'Vrije' uitvaart 2e verdieping /
 Free-form funeral, 2nd floor
13 Publieke route / Public route
14 'Vrije' uitvaart 1e verdieping /
 Free-form funeral, 1st floor
15 Publieke route / Public route
16 Rituele route / Ritual route
17 Vuurplaats / Fireplace
18 Samenkomen op het plein /
 Coming together in the square
19 Boothuis / Boathouse
20 Even niets / A moment's pause
21 Publieke entree, het leven vieren /
Public entrance, celebrating life
22 Het leven vieren / Celebrating life
23 Herdenkingskapel, urnplekken in de gevel /
Memorial chapel, niches for urns in the facade
24 Herdenkingskapel, bovengronds begraven /
Memorial chapel, burial above ground
25 Uitvaart op de begraafplaats /
Funeral at the cemetery
26 Begraafplaats / Cemetery
27 Technische crematieruimte /
Technical cremation area
28 Algemene nis / General niche
29 Rituele-Route, intieme crematieruimte / Ritual
route, intimate cremation area
30 Ceremoniële uitvaart / Ceremonial funeral
31 Publieke entree 'vrije' uitvaart /
Public entrance to free-form funeral
32 Publieke entree gebouw /
Public entrance to the building
33 Ontspanningshoek 'vrije' uitvaart /
Relaxation corner of free-form funeral
34 Fietsdoorgang / Cycle through the building
35 Familiekamer / Family room

03

04

05

02

06

02 Isometrie, een privé en publiek gebouw / Isometric view, a private and public building   03 Maquette situatie / Site context model
04 Publieke-Route in de rand van het gebouw als een wandelroute omhoog langs de rituele binnenkern. / Public Route in the building's outer edge, a walking route that leads up around the ritual core
05 Einde van Publieke en Rituele-route met uitzicht over de historische binnenstad. / End of Public and Ritual Route with a view of the historic inner city.
06 Herdenkingskapel met glazen gekleurde urnen en ruimte voor een boek./ Memorial chapel with coloured glass urns and space to read.

Michael van Bergen

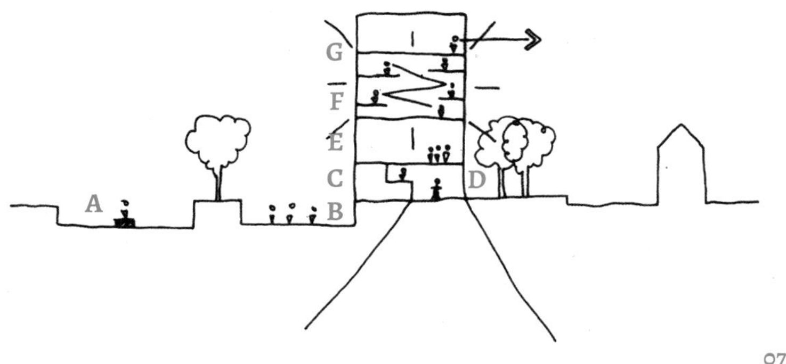

Het gebouw bestaat uit vier hoofdmaterialen: hout, baksteen, cement en metaal. In mijn maquettes heb ik de liefde in deze materialen proberen te uiten zoals ik ze in het gebouw verwacht te gebruiken. In lijn met de ontwerpgedachten moesten de materialen ook van Amsterdamse bodem komen: Amsterdams iepenhout, waar de Rituele Route uit bedacht is en vertaald in de gebouwmaquette, en baksteen van klei gewonnen uit de Noord-Zuidlijn tussen de 70.000 en 120.000 jaar oud. Daarvan heb ik mijn stedebouwmaquette gemaakt. De gebouwmaquette is volledig uit elkaar te halen waardoor je, laagje voor laagje, mensen volledig mee kunt nemen in de gedachten van het gebouw.

A design on Marnixplantsoen in the heart of Amsterdam in which a crematorium, an above-ground cemetery and interactive meeting places mesh together into a building

My project answers the question of how we as a society are to deal with death in a modern way. These days, we prefer to banish death from our thoughts, from our daily life and from our city. In 'New Life for Death', life and death are united once again.

I spent two years working on my graduation project. I interviewed many people who had lost their loved ones, visited many cemeteries in the Netherlands and abroad and sought contact with the funeral and burial branch. The sudden loss of my brother-in-law and ex-girlfriend brought with them an unsolicited deepening of insight. As an architect, I went in search of how 'space' could be of added value in such sensitive situations. I translated tangible, physical emotions into a building whose spaces melt into one another in a natural way. Physical transitions make you aware of entering a space. Lastly, linking two routes gives you the freedom to design your own ritual. My intention is to make a building in Amsterdam for Amsterdam, where signature occurrences in the city find a recognizable translation in my building.

In my vertical building, there is a home for the history of the funeral, including modern ways of dealing with death. A funeral procession over the canals. An arrival at a sheltered, sunken square surrounded by trees. A unique rope lift that can form part of a ritual through manual operation. A free funeral that builds subtle relationships with the city. A ceremonial funeral in the tree tops. An intimate cremation space in which you see the clouds outside in line with the oven. A cemetery as a stacked park. Memorial chapels where coloured glass urns let the light inside, where you can read a book and look out over the city. An upper layer where you can celebrate life with panoramic views across water and park. And a place, with views across the city centre, where you are free to do nothing for a while.

The building consists of four main materials: wood, brick, cement and metal. I have tried to express the love of these materials in my models, in the same way that I expect them to be used in the building. In line with the design ideas, the materials also had to come from Amsterdam soil: Amsterdam elm wood, from which the Ritual Route was devised and translated in the building model, and brick made from clay sources of between 70,000 and 120,000 years old, excavated during work on the Noord-Zuid metro extension. I used these to construct my urban model. The building model can be completely disassembled, as a result of which you can experience the thoughts behind the building, layer by layer.

Een ontwerp aan het Marnixplantsoen in het hart van Amsterdam waarin een crematorium, bovengrondse begraafplaatssplaats en interactieve ontmoetingsplekken worden samengevlochten tot een gebouw.

Mijn project geeft antwoord op de vraag hoe we in onze samenleving op een eigentijdse manier kunnen omgaan met de dood. Tegenwoordig bannen we de dood het liefst uit onze gedachten, uit ons dagelijks leven en uit onze stad. In 'Nieuw Leven voor de Dood' komen het !even en de dood weer samen.

Ik heb 2 jaar aan mijn afstuderen gewerkt. Ik heb veel mensen geïnterviewd die hun dierbare hebben verloren, menig begraafplaats bezocht in binnen en buitenland en heb contact gezocht met de begrafenis- en uitvaartbranche. Het plotselinge verlies van mijn zwager en ex-vriendin bracht ongevraagd een wezenlijke verdieping. Als architect was ik op zoek naar wat 'ruimte' die in kwetsbare situaties van toegevoegde waarde kan zijn. Voelbare, fysieke emoties vertaalde ik in een gebouw waarin de ruimten op een natuurlijke manier in elkaar overvloeien. Door fysieke overgangen wordt een bezoeker zich ervan bewust een andere ruimte te betreden. Tenslotte geeft een koppeling tussen twee routes de bezoeker de vrijheid om zelf je ritueel vorm te geven. Het is mijn bedoeling een gebouw in Amsterdam voor Amsterdam te maken waarbij karakteristieke situaties in de stad een herkenbare vertaling in mijn gebouw krijgen.

In mijn verticale gebouw vindt de geschiedenis van de uitvaart zijn plek, waarbij op eigentijdse manieren met de dood kan worden omgegaan. Een uitvaartstoet over de grachten. Een aankomst op een luw, verdiept plein omringd met bomen. Een bijzondere touwenlift die door een handmatige bediening onderdeel kan zijn van een ritueel. Een vrije uitvaart die subtiele relaties legt met de stad. Een ceremoniële uitvaart in de kruin van de bomen. Een intieme crematieruimte waarbij je in de lijn van de oven de wolken buiten ziet. Een begraafplaats als een gestapeld park. Herdenkingskapellen waarbij gekleurde glazen urnen het licht binnen laten, je een boek kan lezen en kunt kijken over de stad. Een bovenlaag waar je het leven kan vieren met vergezichten over water en park. En een plek met uitzicht over de binnenstad waar je even niets hoeft.

---

07 **Een gebouw in Amsterdam voor Amsterdam.** / A building in Amsterdam for Amsterdam.
   A **een uitvaart over de grachten** / a funeral procession over the canals
   B **samenkomen op een luw plein** / arriving at a sunken square
   C **een vrije uitvaart met buitenterras** / a free-form funeral with open-air terrace
   D **fietsen door het gebouw** / cycling through the building
   E **ceremoniële uitvaart in de kruin van de bomen** / ceremonial funeral in the tree tops
   F **de begraafplaats als een park** / cemetery as a park
   G **het leven vieren** / celebrating life

Opleiding _ Place of education
AvB Amsterdam
Studierichting _ Specialization
architectuur / *architecture*
Mentoren _ Tutors
Laurens Jan ten Kate, Ira Koers, Jeroen Atteveld
Email adres _ Email address
michael@vanbergenarchitectura.nl

Parkway Drive_ *Het nieuwe snelwegtracé tussen de A13 en de A16 aan de noordzijde van Rotterdam wordt als een parkway ingebed in weide, natuur en recreatie. The new motorway trajectory between the A13 and the A16 on the north side of Rotterdam has been designed as a parkway embedded in meadows, nature and recreation.*

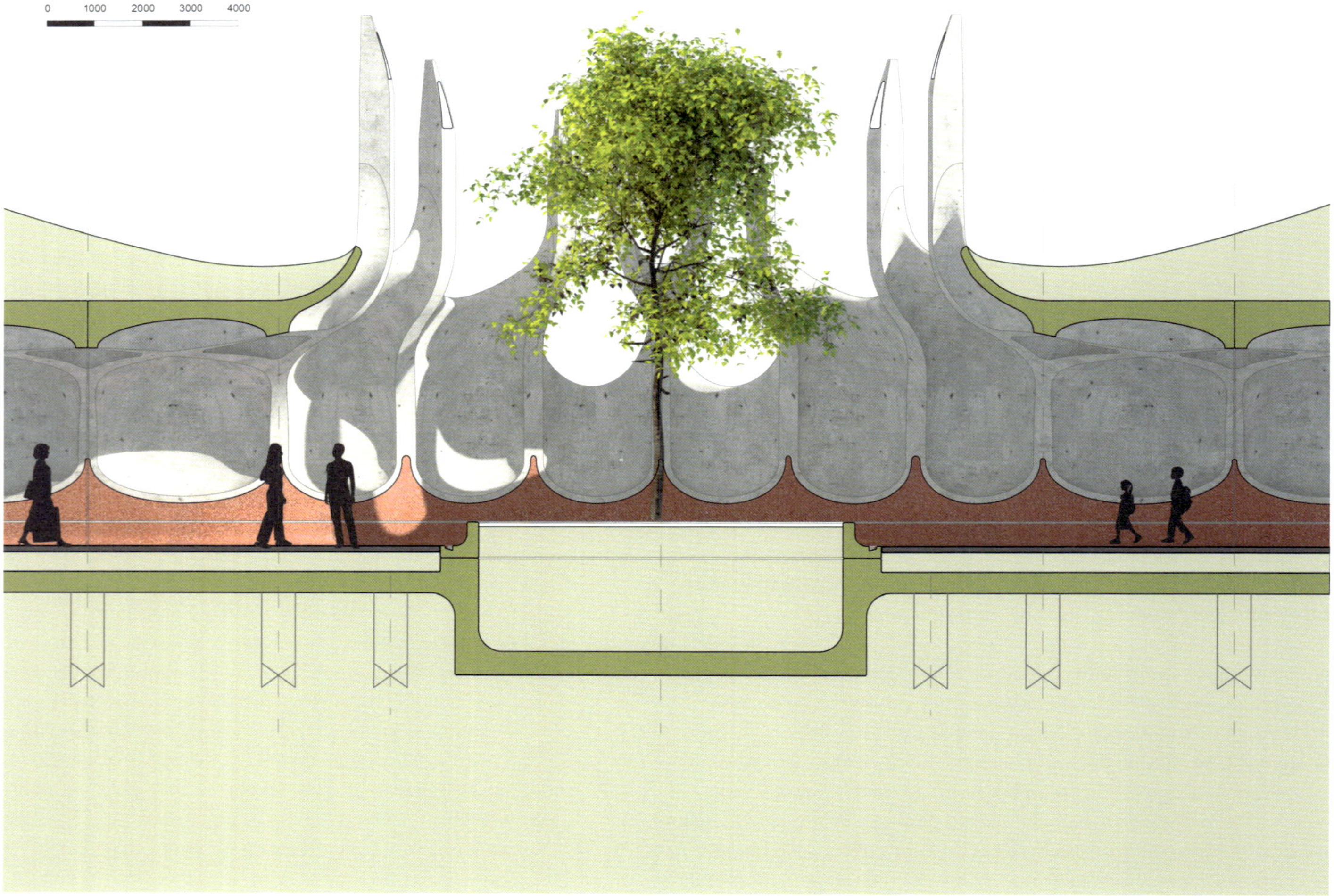

01 Doorsnede fiets-voetgangerstunnel / Section of cyclist and pedestrian tunnel

02 De verdiepte ligging in zone 3 vormt het visuele hoogtepunt voor de gebruikers van het tracé. Het is als rijden door een kathedraal. / The sunken position in zone 3 provides the crowning moment for users of the trajectory. It is like driving through a cathedral.

03 De fiets- en voetgangersbrug, het tracé en het landschap zijn met elkaar verweven. De crash barrier en de kolommen onder de fiets- en voetgangersbrug accentueren de brede middenberm. / The bridge for cyclists and pedestrians, the trajectory and the landscape are meshed together. The crash barrier and the columns below the cyclist-pedestrian bridge accentuate the broad central reserve.

Jan Willem Terlouw

Het nieuwe snelwegtracé tussen de A13 en de A16 aan de noordzijde van Rotterdam wordt als een parkway ingebed in weide, natuur en recreatie.

Het plan neemt afstand van de huidige praktijk waarbij door de veelheid en de ogenschijnlijke willekeur van alles wat zich langs en boven de snelweg bevindt, de ruimtelijke beleving van de weg in veel gevallen als rommelig, zielloos en nietszeggend wordt ervaren. Het overheidsbeleid heeft er toe geleid dat er zelden architecten worden ingeschakeld bij het ontwerpen van civiele bouwwerken waardoor ze weinig architectonisch-ruimtelijke samenhang vertonen. Bij de aanbesteding van civieltechnische werken wordt vooral gelet op de kosten en de technische uitvoering.

De verbinding middels een nieuw snelwegtracé van de A13 met de A16 is bedoeld om de filedruk te verminderen. Dit nieuwe tracé doorkruist een geliefd landschap en een groot aantal lokale weg- spoor- en waterstructuren, waardoor vijftien, uitermate zichtbare, civiele bouwwerken noodzakelijk zijn. Parkway Drive

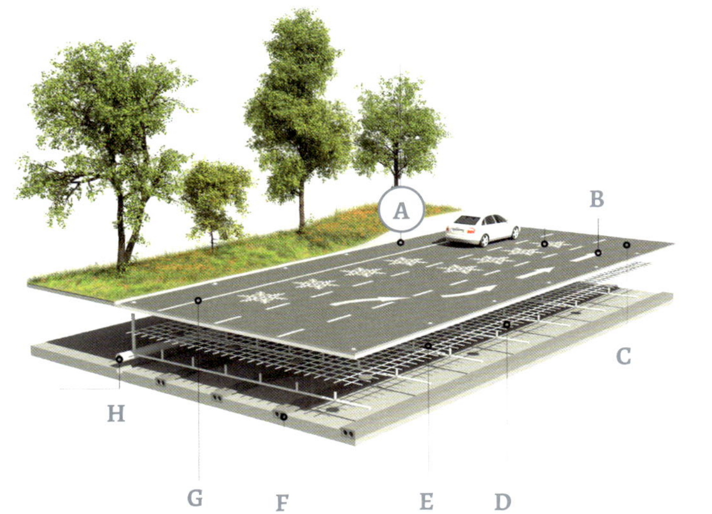

04 Situatie Parkway Drive / Site plan of Parkway Drive
05 Inbedding en detaillering van een intelligent wegdek / Embedding and detailing of a smart roadway

A   Duurzame LED verlichting geïntegreerd in het wegdek reageert op passerende auto's, is interactief en vervangt reguliere wegverlichting / Sustainable LED lighting integrated in the roadway responds to passing cars, is interactive and replaces standard street lighting
B   Intelligent materiaal verwerkt in het wegdek is programmeerbaar en kan zichtbaar gemaakt worden / Smart material worked into the roadway can be programmed and made visible
C   Flexibel, poreus, gemakkelijk te repareren bitumen wegdek / Flexible, porous and easily repaired bitumen road surface
D   Sensoren die verkeersstromen, de conditie van het wegdek en de temperatuur monitoren / Sensors for monitoring traffic flows, the condition of the road and the temperature
E   Een grid van leidingen die energie kunnen opwekken en opslaan / A grid of cables and pipes that can generate and store energy
F   Kanalen waarop energie- en digitale systemen kunnen worden aangesloten / Channels able to receive energy and digital systems
G   Wegbelijning met actieve signalering / Road markings with active signalling
H   Drainagesysteem / Drainage system

benadert het direct aangrenzende stedelijke landschap inclusief civiele werken als een integraal ontwerpvraagstuk. Het verleent samenhang, continuïteit en identiteit aan het aangrenzende stedelijke landschap en de civiele werken. Een integraal ontwerp anticipeert op de esthetische beleving, en daarmee acceptatie, van het snelwegtracé en de aangrenzende gebieden. Het aangrenzende stedelijke landschap en civiele bouwwerken worden niet meer gezien als een probleem of een noodzakelijk kwaad. Het is een kans om als architect een ruimtelijke kwaliteit te introduceren in stad en landschap, een esthetisch aantrekkelijke en tot de verbeelding sprekende omgeving voor bewoners en passanten. Het nieuwe A13/A16 snelwegtracé wordt onderdeel van een aantal zeer geliefde natuur- en recreatiegebieden die het doorsnijdt. Elk deel van het tracé reageert op zijn omgeving en heeft zijn eigen hoogteligging en ruimtelijke inpassing. Parkway Drive is een attractieve weg met verschillende ruimtelijke en landschappelijke kenmerken.

Parkway Drive verbeeldt een toekomst waarin infrastructuur en de landschappelijke inpassing samen komen. Landschappelijke, infrastructurele en bouwkundige componenten vloeien als gecurvde patronen weelderig in elkaar over en komen uit elkaar voort. Tegelijkertijd anticipeert Parkway Drive op de alsmaar voortschrijdende technologie van auto en weg. Auto's worden niet alleen stiller, schoner en duurzamer, ze worden vooral intelligenter. In een wereld van toenemende mobiliteit neemt de auto de rol van de bestuurder meer en meer over. Hierdoor zal wegbewijzering langzaam uit het straatbeeld verdwijnen, de snelweg en zijn omgeving zal geleidelijk schoner worden; alle energie verbruikende 'hardware' langs en boven de weg wordt duurzame 'software' in en onder de weg.

Parkway Drive draagt bij aan de acceptatie van de snelweg door ons gedrag en onze gemoedstoestand met vormentaal te beïnvloeden. De 'gecurvde' weelderige vormentaal, voortkomend uit de Gotiek, verleent betekenis door expressie omdat het een 'actieve' vormentaal is waarin groeiende structuren, krachten, beweging en tijd hun expressie vinden. Ze spreken ons rechtstreeks aan. In Parkway Drive zijn de infrastructurele kunstwerken niet enkel functioneel, het zijn triomfbogen, ze vieren de weg en zijn gebruikers. De gebruikers en omwonenden worden niet blootgesteld aan chaotische bermbebouwing en schreeuwende lichtreclames, maar worden ondergedompeld in een pittoresk parkachtig natuur- en recreatielandschap.

Parkway Drive is een architectonisch ontwerp dat aan twee kanten snijdt. Aan de ene kant stelt het de functionele inbedding en de esthetische ervaring van de snelweg in een stedelijk landschap centraal. Aan de andere kant de esthetisch filmische ervaring van de snelweg in zichzelf door de gebruiker, de automobilisten. In dit plan wordt de scheiding tussen snelweg en omgeving, een troebel tussengebied vol van wezenloos non-descripte plekken, architectonisch vormgegeven en opnieuw gedefinieerd.

The new motorway trajectory between the A13 and the A16 on the north side of Rotterdam has been designed as a parkway embedded in meadows, nature and recreation.

This project distances itself from the prevailing notion that the welter and seeming randomness of everything along and above the motorway causes its users to experience it in many cases as

cluttered, inert and meaningless. Government policy has seen to it that architects are only rarely enlisted when designing civil engineering works, so that these invariably exhibit little in the way of architectural and spatial cohesion. Most attention goes to costs and technical execution when such works are put out to tender.

The linkup between the A13 and the A16 is intended to reduce congestion. This new trajectory crosses a much-loved landscape and a great many local roads, railways and waterways, necessitating fifteen exceedingly visible civil works. Parkway Drive approaches the directly abutting urban landscape, civil works and all, as an integrated design brief. It lends cohesion, continuity and identity to the adjoining urban landscape and the civil works. An all-in design looks ahead to how the trajectory and the adjoining areas are perceived, and accepted, in aesthetic terms. The abutting urban landscape and civil works are no longer regarded as a problem or a necessary evil. It is an opportunity for the architect to introduce a spatial quality into the urban and rural landscape, an aesthetically attractive and appealing environment for residents and passers-by alike. The new A13-A16 motorway trajectory is then part of the clutch of well-loved natural and recreational areas it passes through. Each section of the trajectory responds to its surroundings and has its own altitude and spatial integration. Parkway Drive is an attractive highway with a variety of spatial and scenic characteristics.

Parkway Drive illustrates a future in which infrastructure and its insertion in the landscape are in harmony. The components of landscape, infrastructure and architecture flow into and emerge from one another as curved patterns in a rich mesh. At the same time, Parkway Drive looks ahead to the relentlessly advancing technology of vehicles and roads. Cars are not only getting quieter, cleaner and more sustainable, they are becoming more intelligent as well. In a world of increasing mobility, the car is steadily taking over the driver's role. As a result, signposts will gradually make their exit from the streetscape and the motorway and its surroundings will steadily become cleaner; all energy-consuming hardware along and above the road will cede to sustainable software in and below it.

Parkway Drive contributes to the acceptance of the motorway by influencing our behaviour and mood with a vocabulary of forms. The 'curved' exuberant formal idiom, deriving from the Gothic, confers meaning through expression because it is an 'active' formal idiom in which growing structures, forces, movement and time find expression. They appeal to us directly. In Parkway Drive, the infrastructure works are not only functional, they are triumphal arches, they celebrate the highway and those who use it. Its users and those living nearby are not exposed to roadside clutter and shrieking neon signs but are instead submerged in a picturesque, park-like natural and recreational landscape.

Parkway Drive is an architectural design that cuts both ways. On one hand, it gives priority to the functional embedding and aesthetic perception of the motorway in an urban landscape. On the other, there is the aesthetic filmic perception of the motorway in itself by the motorists that use it. In this project, the zone between motorway and surroundings, an indistinct intervening area of blank, nondescript places, has been given architectural shape and redefined.

Opleiding _ Place of education
Rotterdamse Academie van Bouwkunst
Studierichting _ Specialization
architectuur/*architecture*
Mentoren _ Tutors
Gerard Loozekoot, Henk Hartzema, Robert von der Nahmer
Email adres _ Email address
janwillemterlouw@gmail.com

Jan Willem Terlouw

01

02

03

Patchwork _ *Bouwen aan Heerlen is bouwen aan een stad waar je niet ondanks, maar dankzij de krimp wilt wonen.*
To build in Heerlen is to build in a shrinking city whose residents see shrinkage as a virtue.

01   Wand, gevelfragment. In het langgerekte gebouw zijn een woonwinkel en een expositieruimte ondergebracht. Het gevelmateriaal benadrukt de terrain vague. / Wall, detail of elevation. The elongated building contains a home furnishing store and an exhibition area. The material of the elevation underscores the terrain vague.

02   Saroleostraat 54 De nieuwe 'voorgevel' aan de achterkant / Saroleostraat 54 The new 'front elevation' at the rear

03   Oranje Nassaustraat 41, gevel. De woninguitbreidingen doen, in hun ruwe afwerking, mee in het spel van de achterkant. / Oranje Nassaustraat 41, elevation. The dwelling extentions with their rough finish join in the game played at the rear of the building.

04

05

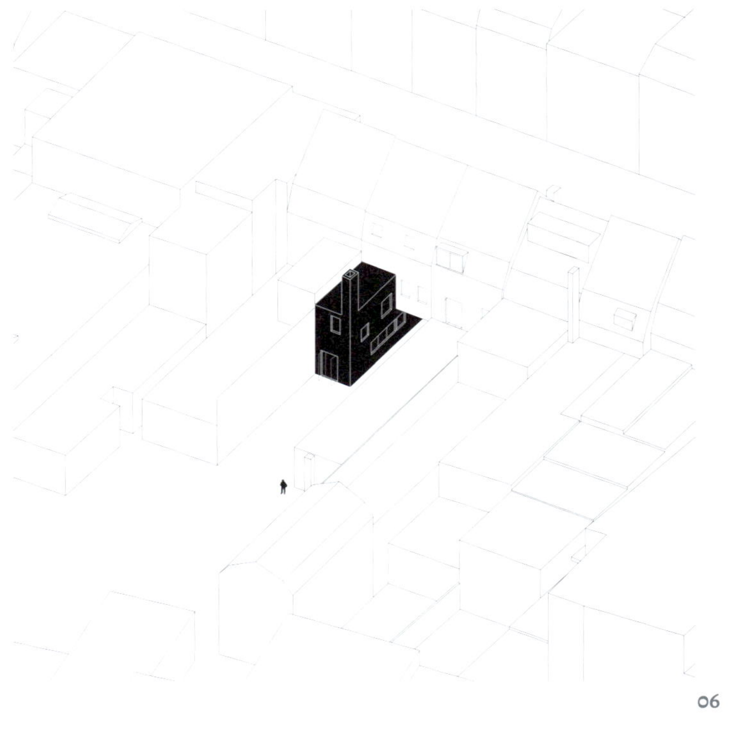

06

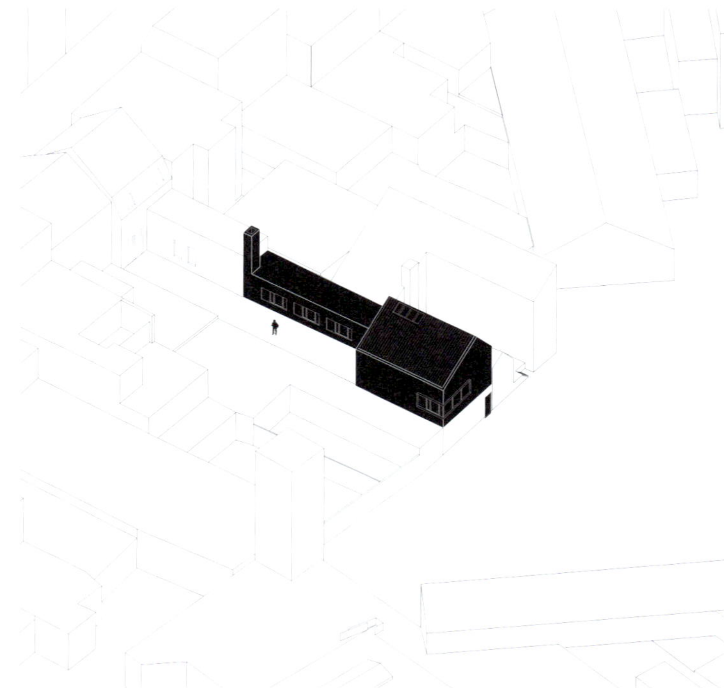

07

04 Oranje Nassaustraat 41 Interieur / Interior
05 Oranje Nassaustraat 23 en 25, gevel. Veel winkelpanden staan al langdurig leeg; het winkelhart van Heerlen wordt langzaam in gebruik genomen als woongebied door her- en opwaardering van het aanwezige materiaal. / Oranje Nassaustraat 23 and 25, elevation. Many shop premises have long been empty; Heerlen's retail centre is steadily being reallocated as a residential area by upgrading what is already on site.
06 Oranje Nassaustraat 25, isometrie. De aanbouw op de begane grond aan de achterzijde van het pand wordt deels gesloopt, inclusief het inpandig gedeelte. Alleen de twee verdieping tellende aanbouw, blijft bestaan en wordt verbouwd. De nieuwe doorgang vanaf de Oranje Nassaustraat biedt toegang tot het onbestemde binnengebied van het bouwblok. / Oranje Nassaustraat 25, isometric view. The add-on at ground level at the rear of the premises is to be partly demolished, including the built-in part. Only the two-storey addition is to be retained and remodelled. The new passage from Oranje Nassaustraat accesses the unallocated open space inside the block.
07 Saroleastraat 56 Om de bovenwoning van het winkelpand weer in gebruik te nemen, wordt een uitbreiding en daarmee oriëntatieverandering voorgesteld voor de verdiepingen op de kavel. Geleefd, gewerkt en gegeten wordt op de 'achterkant' van de kavel. Achterkant tussen haakjes, want deze zal als zodanig niet meer functioneren; ook de entree tot de woning krijgt hier zijn plek. / Saroleastraat 56 The project proposes an extension, and with it a change of orientation, to the upper storeys on the plot, so as to be able to take back into use the dwelling above the shop premises. The 'rear' of the plot is where the occupants live, work and eat. Rear is in inverted commas because it will no longer be such; even entrances to homes are to be on this side.

Manon Deijkers

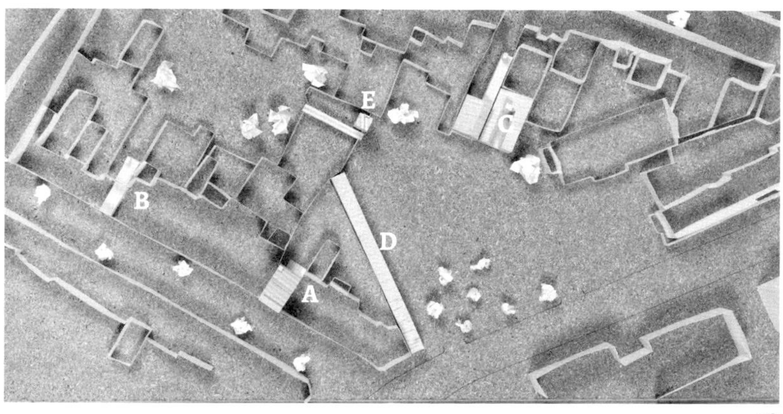

08

Bouwen aan Heerlen is bouwen aan een stad waar je niet ondanks, maar dankzij de krimp wilt wonen.

De huidige ontwikkelingen in Heerlen worden gekenmerkt door krimp en vergrijzing. De stad is niet uniek in haar demografische ontwikkeling, het vormt echter wel een uitzonderlijk voorbeeld als zijnde een stedelijke regio die te maken heeft met krimp. Zoekende naar een oplossing, lijkt het alsof Heerlen gewend is geraakt aan een grootste aanpak in triomfantelijke gebaren; wellicht een erfenis uit het welvarende verleden, zo getuigen de modernistische monumenten verspreid door het centrum. Maar de vraag of een dergelijke houding nog past bij de huidige ontwikkelingen, wordt ogenschijnlijk niet gesteld. Het in aanbouw zijnde treinstation is hiervan een - niet zo stille - getuige.

De staat van leegstand waarin Heerlen vervalt, is mijns inziens een directe uitnodiging om nog eens goed te kijken naar de kwaliteiten van de stad en de oplossing te vinden in een meer lokale aanpak. In deze catalogus aan mogelijkheden voor een eigentijdse aanpassing van de bestaande gebouwenvoorraad, wordt gezocht naar een antwoord op de vraag: *'Hoe bouw je verder aan een krimpstad?'.*

Een antwoord wordt gezocht in en lijnrecht tegenover het hart van beschreven ontwikkelingen. Gelegen naast de enorme bouwput waar straks het nieuwe treinstation zal gaan verrijzen, ligt een stukje verlaten stad. In al haar eerlijkheid, is deze plek aan de Stationstraat een waar visitekaartje voor de krimpende regio. Thema's als het onbestemde en de achterkant spelen hier een terugkerende rol: Verbeeld door het patchwork aan uitbreidingen, trappen, schoorstenen, regenpijpen, waslijnen, rolluiken etc.

Het ligt misschien niet voor de hand deze context, gevuld door leegte en vergetelheid, als waardevolle plek te aanschouwen, maar dat wordt in dit visueel betoog verdedigd. Leegte omvat immers ook een uitdrukking van potentie, het refereert aan de verdere ontwikkeling die mogelijk is.

De vier case studies onderzoeken verschillende woonscenario's op zorgvuldig geselecteerde kavels. Bovendien wordt gepleit voor een tweetal oefeningen in de openbare ruimte; beide ter ondersteuning van het woonplezier, maar opererend op verschillende schaalniveaus. Want het overschot aan ruimte en materiaal wordt gezien als een extra kwaliteit en tevens directe aanleiding om het wonen in het centrum te laten floreren. Een zestal studies gaat over het wonen aan een ondergewaardeerde of vergeten plek en pogen de charme van een dergelijke context, die van de achterkant, te laten zien.

Als geheel reflecteren de voorgestelde ontwerpopgaven in hun kleinschaligheid op de huidige perceptie van krimp, als zijnde een bedreiging. Heerlen probeert krimp te voorkomen, of het tenminste in te perken, door het te bestrijden met groei. Maar wil Heerlen zich kunnen manifesteren in tijden van krimp en vergrijzing, dan moet er gewerkt worden aan een stad waar men wil wonen, kan binden en mag groeien.

To build in Heerlen is to build in a shrinking city whose residents see shrinkage as a virtue.

These days, Heerlen is marked by shrinkage and population ageing. Although hardly unique in its demographic development, this city is certainly exceptional in being an urban region that is having to deal with shrinkage.

In its search for a solution, it seems as though Heerlen has become accustomed to tackling the issue on a large scale with grand gestures; maybe a legacy of its prosperous past, as demonstrated by the modernist monuments scattered throughout its centre. Yet the question of whether this approach squares with current developments clearly has not been asked. The railway station now under construction is a not-so-silent witness to this imperviousness.

The vacancy afflicting Heerlen is in my opinion an open invitation to take a good look at the city's qualities and seek the solution in a more local approach. In this catalogue of possibilities for accommodating the existing building stock, an answer needs to be found to the question of how to continue to build in a city that is shrinking.

This project seeks an answer at the heart of the described developments but also diametrically opposed to them. Next to the vast building site where the new station is to take up its position, is a patch of abandoned city. In all its honesty, this site on Stationstraat is a bona fide flagship for the shrinking region. Such recurring themes as terrain vague and back end of the city are illustrated by the patchwork of add-ons, stairs, chimneys, drainpipes, washing lines, roller shutters etc. It may seem illogical to regard this context of emptiness and oblivion as a place of value, but that is precisely what is being defended here in visual terms. Emptiness, after all, is itself an expression of potential, a reference to possible further development.

The four case studies explore various dwelling scenarios on carefully selected plots. The project also calls for two exercises in the public domain, both acting as a support to dwelling pleasure but operating at different scales. This is because the surplus space and material is regarded as an additional quality and equally as a spur to make living in the city centre a flourishing concern. The project also includes six studies about living in an undervalued or forgotten place that seek to show the charm of this context of the rear side. As a whole, the proposed design briefs reflect, in their smallness of scale, on the current perception of shrinkage as being a threat. Heerlen is attempting to prevent or at least curb shrinkage by combatting it with growth. But if Heerlen is to make its mark in times of shrinkage and population ageing, then everything must be done to make it a city where people want to live, a city that can bind people to it, a city where people can thrive.

08 **Overzicht van de twee onbestemde binnengebieden van het blok, het terrein vague, en de case studies.** / Overview of the two unallocated open spaces in the block, the terrain vague, and the case studies.

A Oranje Nassaustraat 39 en/and 41
B Oranje Nassaustraat 23 en/and 25
C Saroleostraat 56 en/and 54
D wand / wall
E toren / tower

Opleiding _ Place of education
TU-Eindhoven
Studierichting _ Specialization
architectuur / *architecture*
Mentoren _ Tutors
Jos Bosman, Marcel Musch, Joost Glissenaar
Email adres _ Email address
manondeijkers@gmail.com

01

02

03

04

05

01   **De school in vogelperspectief. /** Aerial view of the school.

02   **Stadzijde: de gevels voegen zich in het straatbeeld in ritme, materiaal en detail /** City side: the elevations slip into the streetscape in rhythm, material and detail

03   **Pleinzijde: een binnenwereld in de stad vriendelijk in schaal, vorm en materiaal met een mild microklimaat /** Yard side: an inner world in the city, benign in scale, form and material and with a mild microclimate

04   **Klaslokaal: volop adaptatiemogelijkheden qua gebruik en klimaat /** Classroom: every opportunity for adaptation in terms of use and climate

05   **Leerplein middenbouw: verschillende sferen en klimaatzones. /** Middle school learning-square: different ambiences and climate zones.

     Nina Schouwman

A ventilator / ventilator
B zonneschoorsteen / solar chimney
C zonnecollector en warmteterugwinning / solar collector and heat recovery system
D beplanting / plant cover
E massa en groendak / mass and green roof
F trombewand / trombe wall
G toevoer lokaal / air supply to classroom
H afvoer lokaal / air discharge from classroom

06

07

klimaatschijf kinderopvang / double wall of nursery school

klimaatschijf onderbouw / double wall of junior school

klimaatschijf middenbouw / double wall of middle school

klimaatschijf bovenbouw / double wall of senior school

08

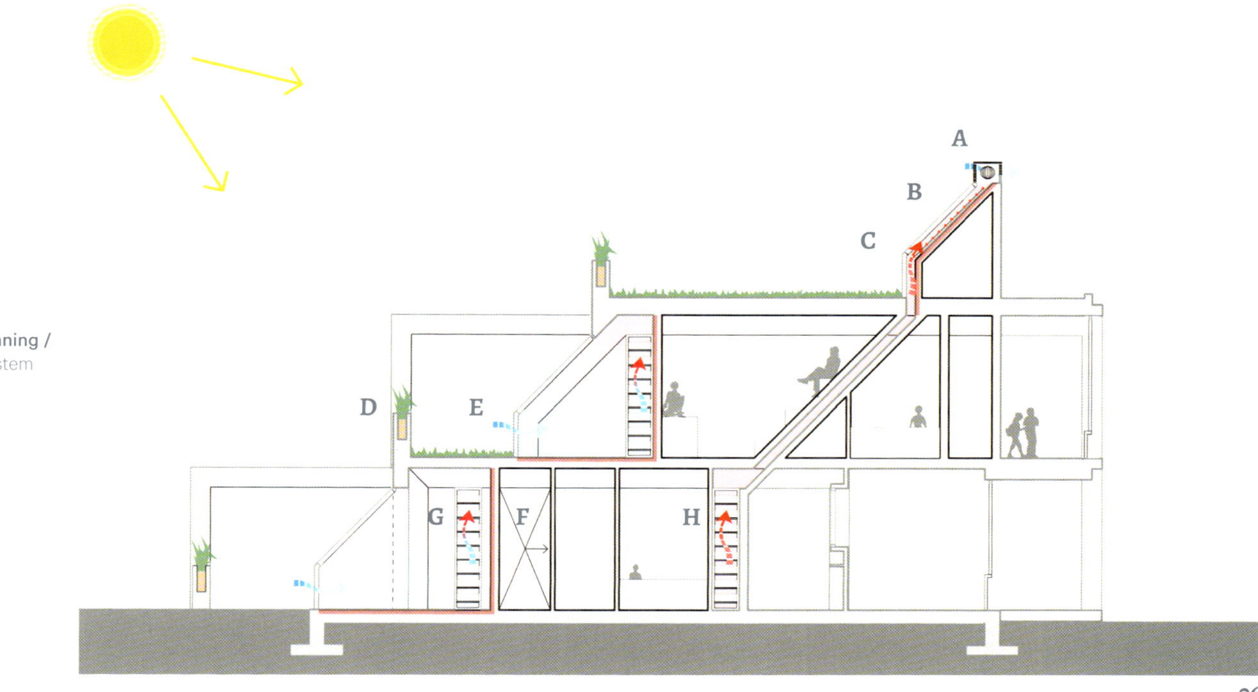

06 **Klimaatdoorsnede middenbouw: natuurlijk ventileren door middel van trombewand en zonneschoorsteen /** Environmental section of middle school, naturally ventilated by a trombe wall and a solar chimney

07 **De kleinste eenheid in het plan is een klaslokaal met klimaatwand. /** The smallest unit in the project is a classroom with double wall.

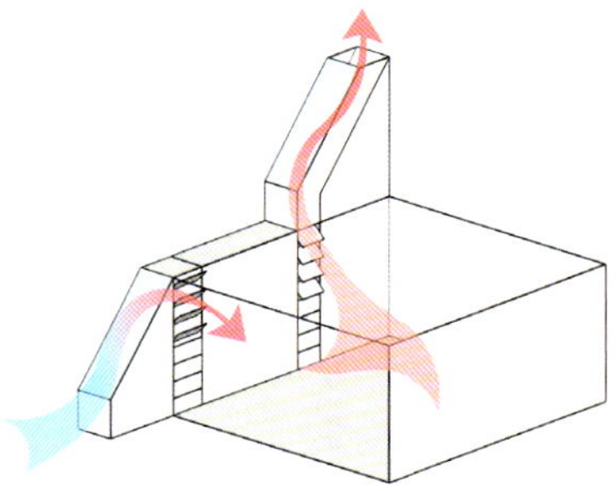

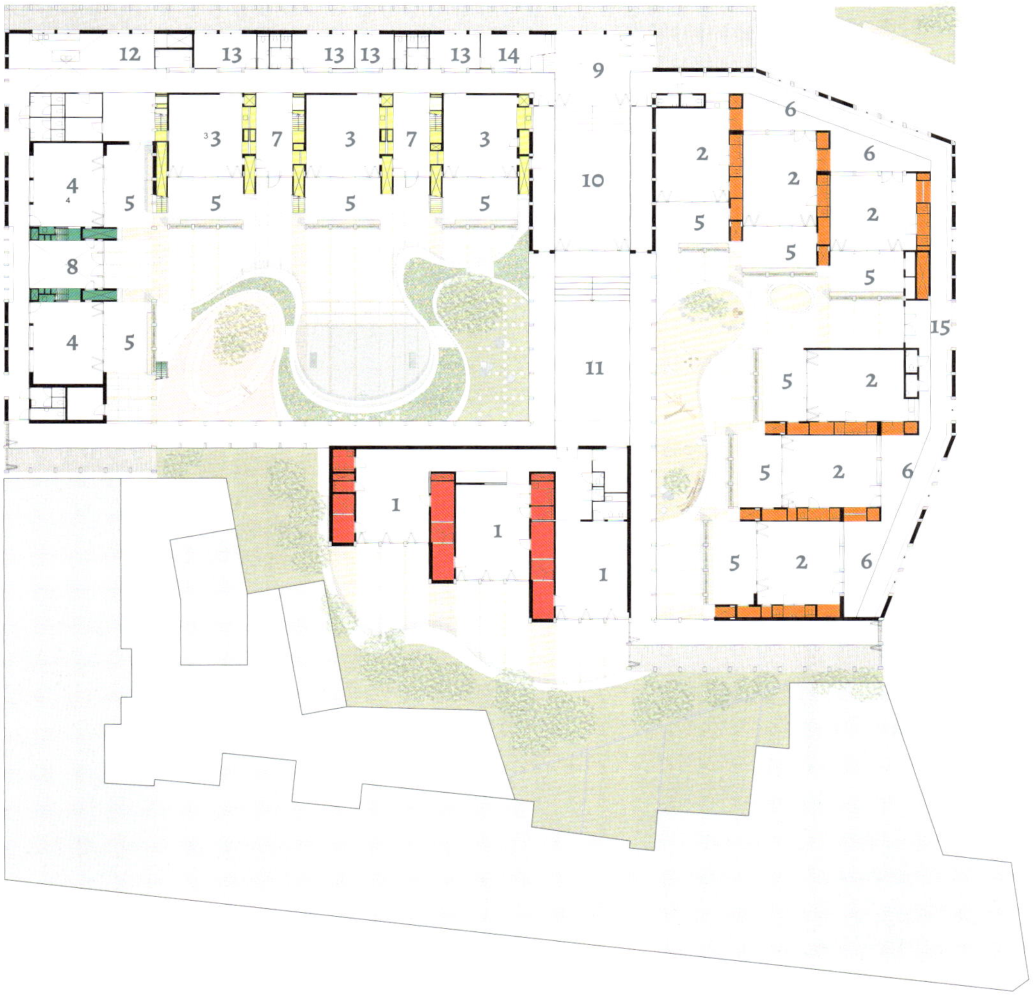

08 **Plattegrond begane grond/** Ground floor plan

1 **lokalen kinderopvang /** nursery classrooms
2 **lokalen onderbouw /** junior school classrooms
3 **lokalen middenbouw /** middle school classrooms
4 **lokalen bovenbouw /** senior school classrooms
5 **buitenleslokalen /** outdoor classrooms
6 **leerplein onderbouw /** junior school learning-square
7 **leerplein middenbouw /** middle school learning-square
8 **leerplein bovenbouw /** senior school learning-square
9 **hoofdentree /** main entrance
10 **speellokaal binnen /** indoor games room
11 **speellokaal buiten /** outdoor games room
12 **bso-ruimte + keuken /** out-of-school service room + kitchen
13 **kantoren /** offices
14 **conciërge /** caretaker
15 **hoofdroute binnen /** principal route inside
16 **hoofdroute buiten /** principal route outside

Een comfortabele school op basis van microklimaten

In 'de school binnenste buiten' zijn natuurlijke (passieve) principes en verschillende klimaatzones ingezet om het comfort van schoolgebruikers te vergroten. Het gebouw heeft diverse adaptieve mogelijkheden en biedt de gebruiker gelegenheid om een plek te zoeken die qua sfeer en klimaat aansluit op zijn individuele behoeften.

Ondanks de huidige technologische mogelijkheden en alle regelgeving is in bijna 90% van de Nederlandse schoolgebouwen het binnenmilieu onder de maat. Dit beïnvloedt de stemming, gezondheid en leerprestaties van kinderen negatief. Verbetering van het comfort in scholen wordt nog relevanter omdat er meer integrale kindcentra worden opgericht waar kinderen een steeds groter gedeelte van hun dag doorbrengen. Mijn onderzoek naar de oorzaken van deze problematiek heeft geleid tot de volgende ontwerpuitgangspunten: Verschillende klimaatzones Een ideaal binnenklimaat bestaat niet. Elk individu heeft verschillende behoeften. Bij een gelijk metabolisme en dezelfde kleding is het verschil in temperatuur van de meest koud en de meest warm aangelegde personen wel 5 tot 6 graden. Daarom is deze school opgedeeld in verschillende klimaatzones, wat de gebruikers de mogelijkheid geeft om hun eigen comfortabele plek op te zoeken. Leeftijdsclusters Per leeftijdsgroep zijn collectieve behoeften te onderscheiden. Waar de kleinste kinderen bijvoorbeeld behoefte hebben aan geborgenheid, willen de oudste kinderen juist overzicht en ontmoeting. De ruimtelijke kwaliteiten van de school verschillen daarom per leeftijdscluster.

Adaptatiemogelijkheden Gebouwgerelateerde gezondheidsproblemen nemen af wanneer de individuele controle groter wordt. Daarom staat keuzevrijheid in dit ontwerp centraal in de vorm van flexibiliteit, diversiteit en adaptiviteit. Zet je de pui van het klaslokaal open of dicht? Gebruik je de lamellen als zonwering of voor privacy? Kies je een werkplek aan de noordkant of juist in de zon?

Natuurlijke principes In scholen worden steeds complexere klimaatinstallaties toegepast die vragen om meer budget, kennis en onderhoud. De klimaatbeheersing in dit ontwerp maakt juist gebruik van passieve energie, van natuurlijke principes die zichtbaar en eenvoudiger te beïnvloeden zijn.

Buitenles De meest voorkomende klacht is dat lokalen te warm en te benauwd zijn. Daarom is deze school zo opgezet dat er zoveel mogelijk buiten lesgegeven kan worden. Elk lokaal heeft een binnen- en een buitengebied. De overgang van klaslokaal naar plein is flexibel. De gebruikers bepalen waar de grens ligt en onder welke condities er geleerd wordt.

Juist de integratie van bovenstaande uitgangspunten leidt tot een nieuw concept voor een comfortabele school. Het meest typerend zijn de klimaatschijven, de dubbele wanden naast elk klaslokaal. De functie, sfeer en ruimtelijkheid ervan verschilt per leeftijdscluster. Bovendien reguleren ze de ventilatiestromen. De trombewand levert voorverwarmde ventilatielucht en de zonneschoorsteen voert vervuilde lucht af. De klimaatwanden zijn structurerende elementen die zowel klimatologisch als architectonisch worden ingezet om verschillende microklimaten te creëren wat leidt tot meer comfort.

A comfortable school founded on microclimates

In 'the school inside out' natural (passive) principles and different climate zones are deployed to enhance the comfort of school users. The building has various adaptive possibilities and offers its users the opportunity to seek out a place that satisfies their individual needs as regards ambience and climate.

Despite today's technological possibilities and all the legislation, almost 90% of Dutch schools are below par in terms of indoor environment. This has a negative influence on the children's mood, health and learning achievements. Improving the comfort in schools is more relevant than ever since the increase in integrated centres where children spend an ever greater part of their day. My study into the causes of these problems brought me to the following design premises: Difference climate zones There is no such thing as an ideal indoor climate. Each individual has his or her own needs. Given the same metabolism and the same clothing, there is still a difference in temperature of as much as 5 to 6 degrees between people most likely to feel the cold and those most likely to feel the heat. Which is why this school is divided up into climate zones, giving its users the opportunity to seek out their own comfortable place.

Age group clusters Collective needs can be divided into age groups. If the youngest children need to feel safe, for example, the older ones want to be able to see everything and meet everyone. So the school's spatial qualities differ per age group cluster.

Adaptive possibilities Building-related health problems decrease as individual control becomes greater. Hence the central position in this design given to freedom of choice as regards flexibility, diversity and adaptability. Is the glass front of the classroom to be open or closed? Do you use the slats as sunblinds or for privacy? Do you choose a workplace on the north side or in the sun?

Natural principles Schools are being fitted out with increasingly complex climate-control systems that require greater funds, knowledge and upkeep. The climate-control in this design, by contrast, makes use of passive energy, of natural principles that are visible and easier to influence.

Outdoor lessons The most often heard complaint is that classrooms are too warm and too cramped. Which is why this school has been designed so that lessons can be held out of doors as much as possible. Each classroom has an indoor and an outdoor area, with a flexible transition from classroom to schoolyard. Users decide themselves where the dividing line lies as well as the conditions in which learning takes place.

It is through integrating the above-mentioned premises that a new concept for a comfortable school emerges. The most typical attributes are the climate-modifying double walls along each classroom. The function, ambience and spatial quality of each differs per age group cluster. These also regulate the ventilation flows. A trombe wall provides preheated ventilation air and a solar chimney draws out the foul air. The climate-modifying panels are structuring elements that work both climatologically and architecturally in creating different microclimates and, as a result, greater comfort.

Opleiding _ Place of education
AvB Groningen
Studierichting _ Specialization
architectuur / *architecture*
Mentoren _ Tutors
Victor Ackerman, Vera Yanovshtchinsky, Machiel Spaan
Email adres _ Email address
nschouwman@hotmail.com

Nina Schouwman

01 Gemeenschappelijke binnentuin / Shared garden

01 Gemeenschappelijke binnentuin / Shared garden
02 Aanzicht toren / Elevation tower

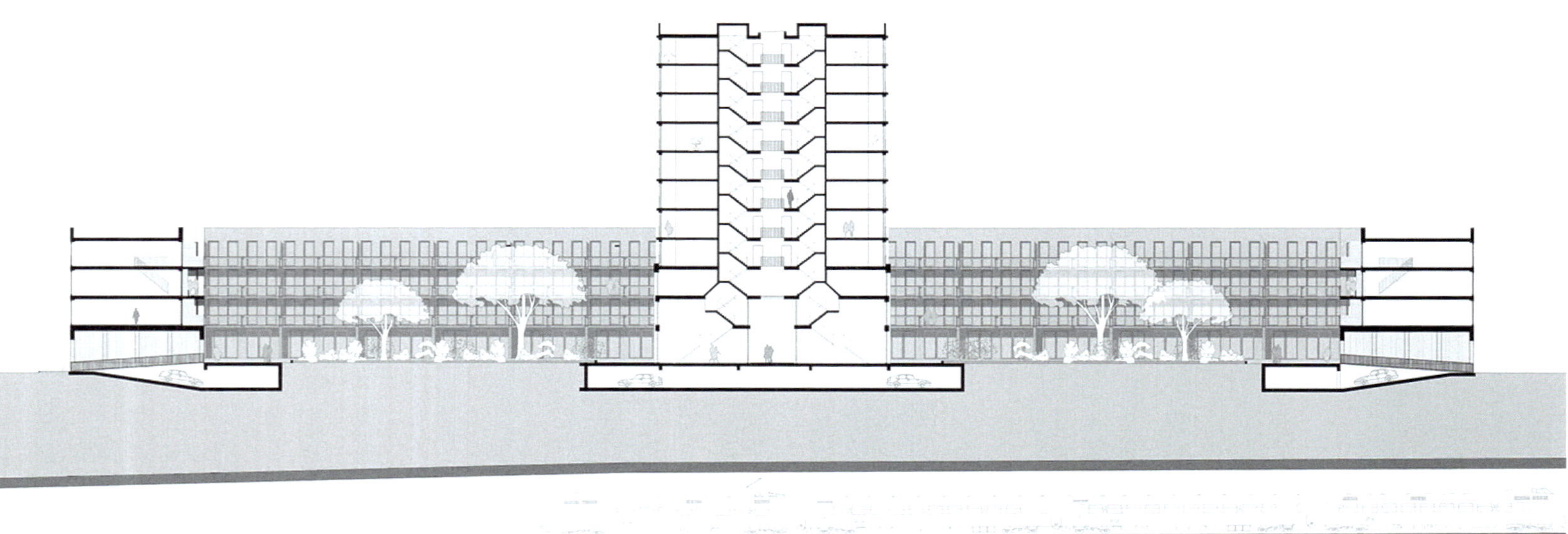

03 **Ligging in Rotterdam** / Position in Rotterdam
04 **Situatie** / Location
05 **Langsdoorsnede** / Longitudinal section

Martins Duselis

constructieve oplossingen vereist. De oplossing is gevonden in de speciale constructie van de parkeergarage. Die heeft de vorm van een enorme doosligger die de overspanning van de tunnel verzorgt en de krachten verdeelt. Het is tegelijkertijd een cruciaal onderdeel van het ontwerpconcept. Het parkeergrid definieert de woningbreedte. Elke unit herbergt twee woningen, het achterste appartement met een entrée op de begane grond en een tuin, het andere met een galerijonstsluiting en een balkon. De appartementen zijn zo geordend dat ze een blok vormen met privé tuinen en een gemeenschappelijke tuin in het midden. Die laatste wordt vervolgens ontsloten door een verbinding met een publieke route die eveneens het torengebouw met een publieke functie bedient.

Het architectonisch ontwerp is bescheiden, maar het is zeer aanwezig in de stad. Het ontwerp biedt door de krachtige hoofdopzet een maximale vrijheid aan de individuele onderdelen.

De monumentaliteit geeft de bewoners waardigheid zonder de identiteit van hun klasse te verhullen. Het Archi-engineering project vormt een combinatie van architectuur en engineering die lokale ruimtelijke en architectonische problemen oplost.

The project presents an architectural and urban design for a series of buildings atop the railway tunnel in Rotterdam Zuid, south of the river. The site has lain idle since 1985.

The architecture of Roseform combines a high-powered form, simplicity, elegant materiality, depth, sensitivity and variation. It slips unobtrusively into the existing context.

My urban design steps off from Oswald Mathias Ungers' theory of 'Grossform', or megaform. This means that the architecture has to be powerful enough to impact at city scale. At that level, the on-site history is redefined by re-hitching the planning area to the city centre and the surrounding neighbourhoods and redefining it so that it is once again perceived as a destination. At neighbourhood level, it fills in the void of the existing park by introducing new families, small businesses and routes through the park for the locals. In this way, Roseform mediates between a pluralist, fragmented public realm and an entirely individual private realm.

To build atop the railway tunnel requires exceptional structural solutions. These are found in the special construction of the parking facility, which takes the form of an enormous box girder than spans the tunnel and equalizes the loads. It is at the same time a crucial component of the design concept. The parking grid defines the width of a dwelling. Each unit contains two dwellings, the rear apartment with a ground floor entrance and garden, the other with a gallery access and balcony. The apartments are arranged so that they constitute a block with private gardens and a shared garden at the centre. This last-named is accessed through a link with a public route, giving the tower building a public duty in the process.

The architectural design may be modest but certainly makes its presence felt in the city. Its high-powered approach allows maximum freedom to the individual components.

The design's monumentality gives its residents a sense of dignity without revealing their class identity. Roseform is a combination of architecture and engineering that can solve local spatial and urban problems.

Het project presenteert een architectonisch en stedenbouwkundig ontwerp voor een serie gebouwen op de treintunnel in Rotterdam Zuid. De locatie ligt sinds 1985 braak.

De architectuur van Roseform combineert een krachtige vorm, eenvoud, uitgelezen materialiteit, diepgang, gevoeligheid en variatie. Het nestelt zich zonder spektakel in de bestaande omgeving.

Als startpunt voor het stedenbouwkundig ontwerp ging ik uit van de theorie van de 'Grossform' van O.M. Ungers. Dit betekent dat de architectuur krachtig genoeg moet zijn om betekenis te hebben op de schaal van de stad. Op dat niveau wordt de geschiedeis van de locatie opnieuw geformuleerd door het plangebied weer te verbinden met het centrum, de omliggende wijken en door het zodanig te herdefiniëren dat het door de mensen weer gezien wordt als bestemming. Op wijkniveau vult het de leegte van het bestaande park door de introductie van nieuwe families, kleine bedrijfjes en de routes voor de omwonenden door het park. Roseform medieert op die manier tussen een pluralistische, gefragmenteerde openbare ruimte en een geheel individuele privé ruimte.

Om bovenop de treintunnel te kunnen bouwen zijn bijzondere

06 **Zicht vanaf een balkon /** View from a balcony

Opleiding _ Place of education
Rotterdamse Academie van Bouwkunst
Studierichting _ Specialization
architectuur / *architecture*
Mentor _ Tutor
Hans van der Heijden
Email adres _ Email address
martinsduselis@gmail.com

Tour de Curiosité _ *Tour de Curiosité is een huis voor een vrouwelijke verzamelaar.*
Tour de Curiosité is a house for a female collector and is about cherishing and preserving her personal collection.

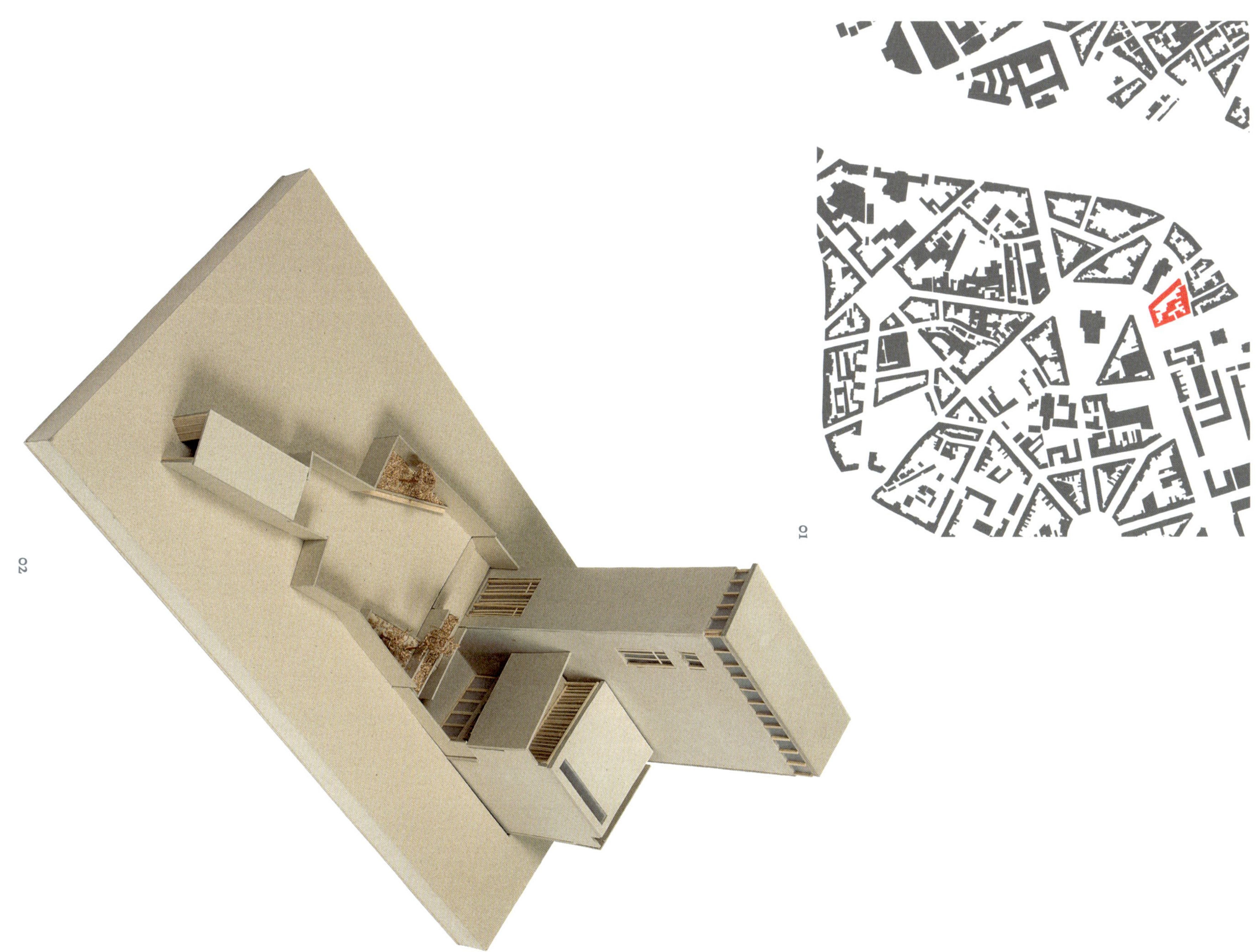

01

02

01   **Situatie /** Site plan
02   **Maquette gebouw /** Model of bu lding

03 **Impressies van de collectie** / Pieces of the collection
04 **Impressies** / Renderings
05 **Voorgevel** / Front elevation

begrippen zich manifesteren binnen het hedendaagse architectonische discours. Er wordt getracht een paradoxale verbinding te genereren tussen het exposeren en het archiveren, het conventionele en het onconventionele. Er ontstaat hierdoor een zeer boeiende verhouding tussen het object, de mens en de ruimte. Tour de Curiosité bevindt zich in Luik. Een stad die men als een verzameling an sich kan beschouwen. Het fragmentarische en dynamische karakter, dat nog eens extra wordt versterkt door de grauwe laag die de industrie op de stad als patina heeft achtergelaten. Een plek die een weerspiegeling is van de schoonheid van imperfectie. De betekenis en relevantie van het vergankelijke binnen een stedelijke context is duidelijk waarneembaar en sluit daarmee aan op de complexiteit van de opgave. Het project werpt tegelijkertijd een blik op de rol die architectuur kan vervullen in een tijd waarin zowel het visuele als het zichtbare een grote rol innemen in ons dagelijks leven. Ook wordt er onderzocht op welke wijze de thematiek van het vergankelijke hierin een bijdrage kan leveren. De opgave verkent op een brede manier hoe de vergankelijkheid en de drang om te verzamelen zich tot elkaar verhouden binnen de architectuur. Niet alleen in het ontwerp, maar ook gedurende het proces is dit altijd het doel geweest. Ontwerpen is verzamelen en architectuur is vergankelijk. Het zou een illusie zijn om te denken dat het anders is.

Tour de Curiosité is a house for a female collector and is about cherishing and preserving her personal collection.

This is a project where depot and expo meet, one that seeks to connect the visible and the invisible. It is neither a museum nor a private house but a new typology combining the characteristics of both. The project is the designer's personal translation of her own interests that come together in an ode to the collector. It is an autobiographical quest for identity and a fascination for the ephemeral and for collecting, subjects that serve as the basis for this project. A theoretical study into the reception history clarifies the relationship between collecting and the ephemeral by means of two key sub-themes, the 16th-century Wunderkammer, or cabinet of curiosities, and escapism. The project steps off from these two concepts. The theme of the Wunderkammer can be connected to the private house and can also be regarded as a precursor of the museum. This project explores the roles of the Wunderkammer and escapism and how these concepts manifest themselves in contemporary architectural discourse. It seeks to generate a paradoxical link between exhibition and archive, the conventional and the unconventional. From this emerges a compelling relationship between object, person and space. Tour de Curiosité is sited in Liège, a city that can be regarded as a collection in itself. Its fragmentary and dynamic nature is further enhanced by the grey film that industry has left on the city. It is a place that reflects the beauty of imperfection. The meaning and relevance of the ephemeral in an urban context is clearly observable and weds well with the complexity of the brief. The project goes on to shed light on the role architecture can fulfil at a time when the visual and the visible play a major part in our daily lives. It also examines how the theme of ephemerality can contribute to this. The brief explores along broad lines how the ephemeral and the urge to collect can relate to the architectural discourse. This was the goal, not just in the completed design but throughout the process. Designing is collecting and architecture is ephemeral. It would be an illusion to think otherwise.

Tour de Curiosité is een huis voor een vrouwelijke verzamelaar.

Het koesteren en het bewaren van haar persoonlijke verzameling staat centraal in een project waarin depot en expo elkaar ontmoeten. Er wordt gezocht naar een verbinding tussen het zichtbare en het onzichtbare. Het is geen museum noch een woonhuis, maar een nieuwe typologie waarin kenmerken van beide met elkaar worden verbonden. Het project is een persoonlijke vertaling geworden van de ontwerpster die haar fascinaties en interesses samen heeft laten komen in een ode aan de verzamelaar. Een autobiografische zoektocht naar een eigen identiteit en een voorliefde voor het vergankelijke en het verzamelen, vormen de basis voor dit project. Een theoretisch onderzoek naar de receptiegeschiedenis maakt de onderlinge relatie tussen het vergankelijke en het verzamelen inzichtelijk door middel van twee belangrijke sub-thema's. De 16e eeuwse Wunderkammer en het Escapisme. Deze twee begrippen vormen het uitgangspunt voor de opgave. De thematiek van de wunderkammer kan verbonden worden met het woonhuis en kan eveneens gezien worden als voorloper van het museum. Deze opgave verkent daarmee de rol van de wunderkammer alsook de rol van het escapisme en hoe deze

Opleiding _ Place of education
AvB Maastricht
Studierichting _ Specialization
architectuur / *architecture*
Mentoren _ Tutors
Paul Gorissen, Ingeborg Meulendijks, Elmar Kleuters
Email adres _ Email address
n_nievergeld@hotmail.com

Nadine Nievergeld

Subtractive Affinities — *Istanbuls huidige stedelijke ontwikkelingen ontgroeien de schaal van de heuvels in de stad en doorboren het landschap. Istanbul's current building developments are outgrowing the scale of the hills and are puncturing the landscape.*

01   **Perspectivische doorsnede** / Sectional perspective

02

03

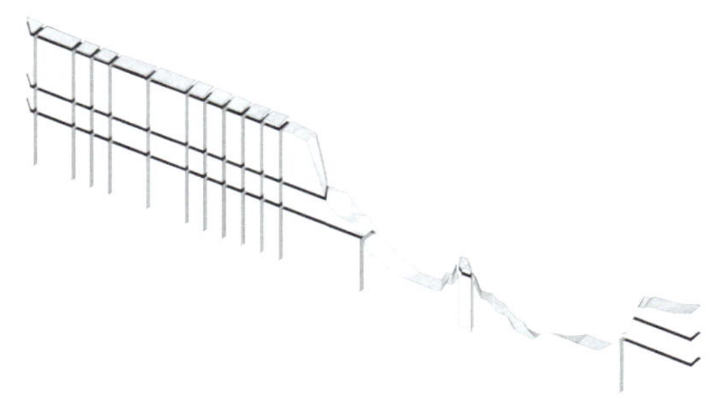

04

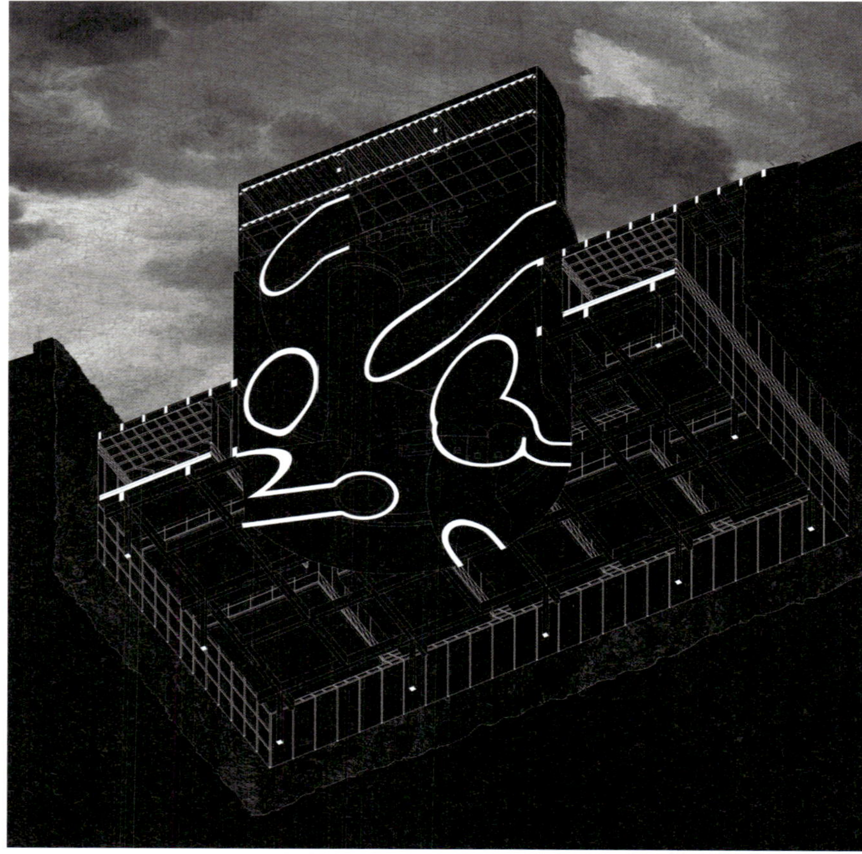

05

06

02 **Lobby** / Lobby
03 **Canyon** / Canyon
04 **Stedelijk grid** / Urban grid
05 **Axonometrie** / Axonometric view
06 **Plattegrond hotel** / Plan of hote

Dirk van der Meij

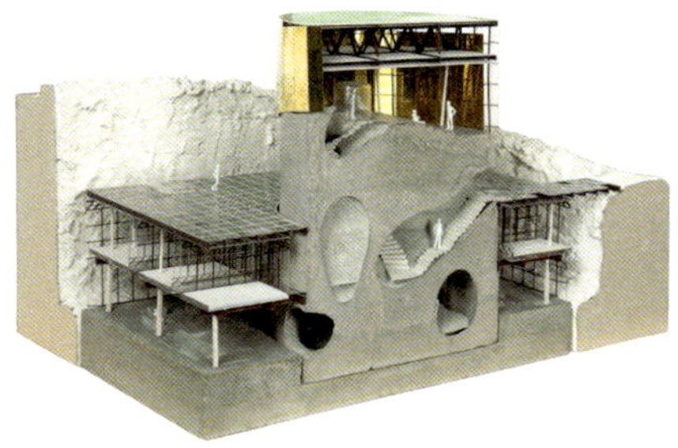

07

08

Istanbuls huidige stedelijke ontwikkelingen ontgroeien de schaal van de heuvels in de stad en doorboren het landschap. Hierbij onthullen ze een verborgen waarheid: de heuvel is meer dan alleen een oppervlakte – sous les pavés, la plage!

Als we goed naar het strand kijken, kunnen we daar drie soorten scheppers onderscheiden: het kind, de hond en de toerist. Het kind maakt zandkastelen, een kuil is het residu van zijn creatie; de hond maakt kuilen en laat een hoop zand achter; de toerist maakt een zitkuil om te schuilen voor de wind, het uitgegraven zand rondom de kuil draagt bij aan het tegenhouden van de wind. Bouwen is een proces van onttrekking en toevoeging.

We kunnen door de lens van onttrekking en toevoeging de stad Istanbul zien als een reeks van elkaar afhankelijke grondverplaatsingen. Er bestaan verschillende relaties tussen grondverzet voor grootschalige stedelijke uitbreidingsprojecten, landaanwinningsparken langs de kustlijn en, uiteindelijk, ontginningsplekken voor grondstoffen aan de rand van Istanbul.

Het project, het hotel voor de bezoekers van het onderzoekscentrum naar glas, ligt aan de rand van Istanbuls grootste groeve. De vormentaal van het project weerspiegelt de essentie van bouwen: bouwen als een verzameling van onttrekkingen en toevoegingen. Wat functie betreft, reflecteert het project het bouwen als een lineair proces: glas is het onomkeerbare product van zand, de groeve is het onomkeerbare product van de natuur.

Het grid van de naderende stad is geprojecteerd op het groevelandschap. In combinatie met een reeks referentievlakken is de groeve verdeeld in driedimensionale kavels. Het hotel ligt in vier met elkaar verbonden uitgegraven kavels. De kern is een massa van gegoten aarde met daarin circulatieruimtes en dienende ruimtes. Boven op de kernen bevinden zich gemeenschappelijke ruimten die gerelateerd zijn aan het landschap en die beschermd worden door een gouden hoed.

De kronkelende trappen door de kern van het hotel zorgen voor een desoriënterend effect. Voor de dwalende bezoeker wacht een nieuwe ervaring in de afzonderlijke ruimten van het hotel. De lobby is een landschap van onttrekkingen en toevoegingen klaar om te worden gebruikt door de hotelgast. Een laag van matglazen hotelkamers is tussen het publieke plein boven en de lobby beneden ingeklemd. De kamers hangen als verheven massa's boven de lobby en werpen hun schaduw op de vloer van die lobby. De kamer zelf is een ruimte gevuld met objecten, georiënteerd op de zijde van de kuil.

In zijn geheel stelt het gebouw het proces van het maken voor. Van massa tot oppervlakte, van landschap tot object. De aanwezigheid van de kuil in elke ruimte zet aan tot nadenken over dit proces: de relatie tussen de creatie en het residu.

Istanbul's current building developments are outgrowing the scale of the hills and are puncturing the landscape. In doing so, they reveal a hidden truth: the hill is more than a surface condition – underneath the pavement, the beach!

If we take a close look at the beach, we can distil three types of creator: the child, the dog and the tourist. The child makes sand castles and leaves a pit behind; the dog digs pits and leaves a heap of sand behind; the tourist digs a pit to get out of the wind and the surrounding excavated sand helps block out the wind. Building is a process of subtraction and addition.

We can perceive Istanbul through the lens of subtraction and addition as a series of mutually dependent land displacements. Relationships arise between the movement of earth for major urban expansion projects, land reclamation parks along the coast and, lastly, mineral excavation sites at the periphery of Istanbul.

The project, a hotel for visitors to the glass research centre, is located on the edge of Istanbul's biggest quarry. Its formal idiom reflects on the nature of building: building as a collection of subtractions and additions. As to function, the project reflects on building as a linear process, glass being the irreversible product of sand and the quarry the irreversible product of nature.

The grid of the approaching city has been projected onto the quarry landscape. A set of reference planes has been used to divide the quarry into three-dimensional plots. The hotel occupies four connected plots. The core is a mass of moulded earth containing circulation and servant spaces. Atop the cores are communal spaces related to the landscape and protected by a golden crown.

The stairs winding through the core of the hotel have a disorienting effect. Roaming visitors can expect a new experience in each of the hotel's spaces. The lobby is a landscape of subtractions and additions ready for use by the hotel guests. A layer of clouded glass hotel rooms is wedged between the public plaza above and the lobby below. Hotel rooms are exalted masses suspended above the lobby, casting shadows on its floor. The room itself is a space filled with objects, oriented to the side of the pit.

Altogether, the building proposes the process of making, from mass to surface area, from landscape to object. The pit to be found in every space gives food for thought about this process, namely the relationship between creation and the residue of creation.

07 **Maquette hotel** / Model of hotel
08 **Maquette driedimensionale kavels** / Model of three-dimensional plots

Opleiding _ Place of education
TU-Delft
Studierichting _ Specialization
architectuur / *architecture*
Mentoren _ Tutors
Niklaas Deboutte, Nicola Marzot, Filip Geerts, Jelke Fokkinga
Email adres _ Email address
dirkvdmeij@gmail.com

Het spel van de architectonische grammatica / The Play of Architectural Grammar_

Sabbioneta is een kleine vestingstad in het noorden van Italië en wordt erkend door UNESCO als een ideale Renaissance stad.
Sabbioneta is a small town in Northern Italy that has been placed on the UNESCO World Heritage List as an ideal Renaissance city.

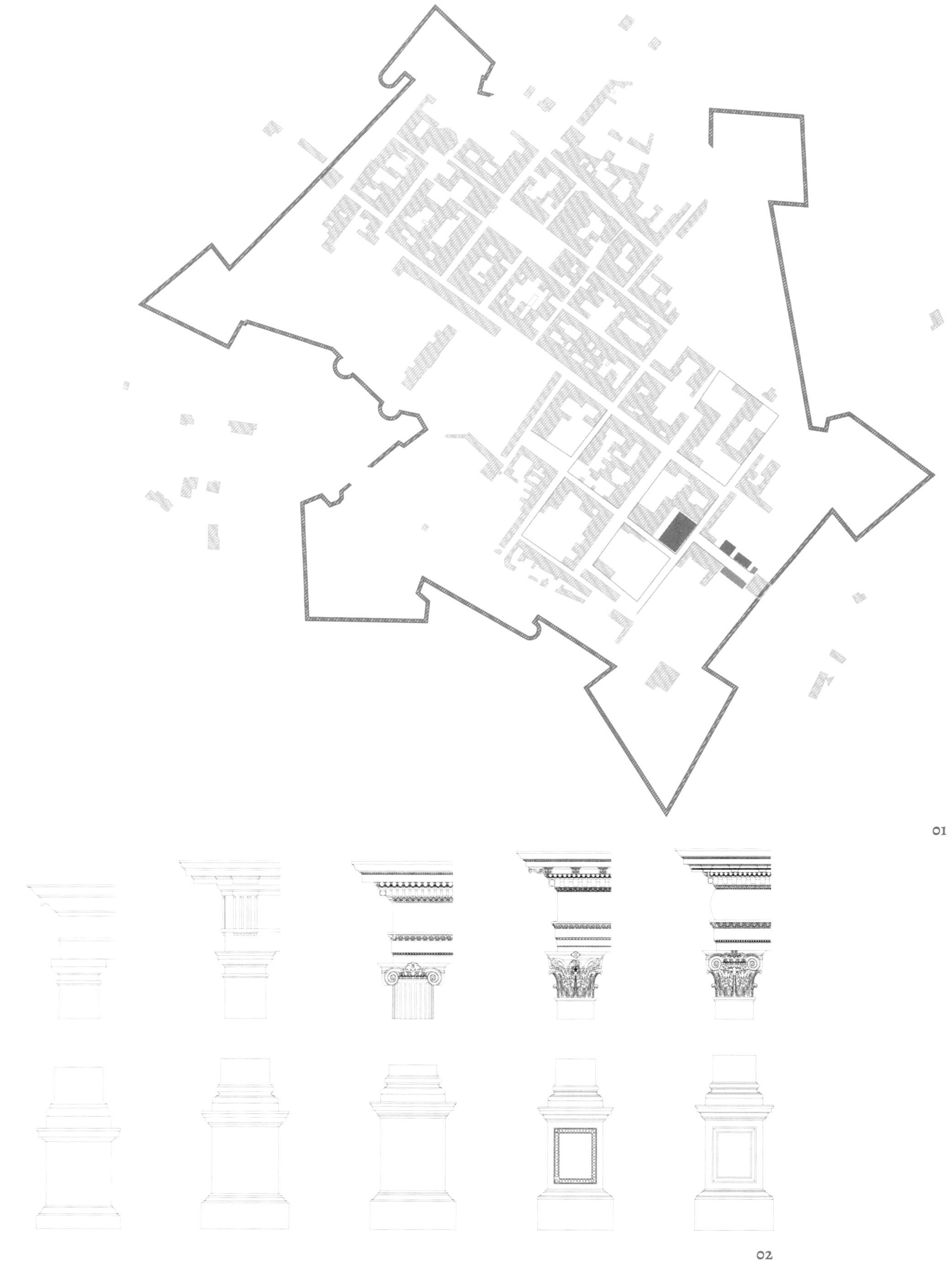

01

02

01 **De locatie Sabbioneta /** Sabbioneta, site of the project
02 **De Zuilenorden /** The Orders
toscaans, dorisch, ionisch, korinthisch, composiet / Tuscan, Doric, Ionic, Corinthian, Composite

    Leonie van Buuren

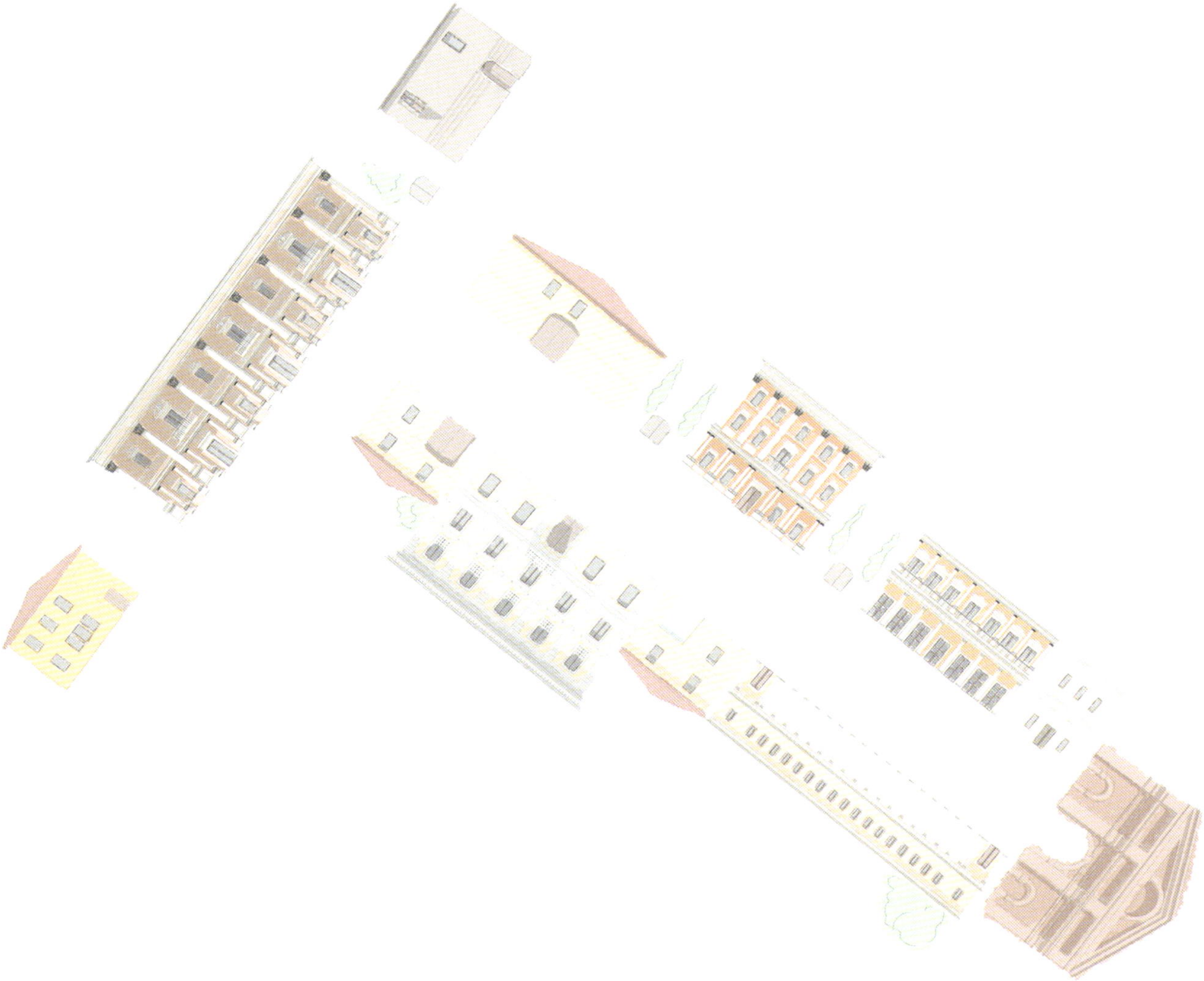

03 **Het ontwerp, vijf ontworpen gebouwen in de Via Porta Imperiale /**
The design, for five buildings in Via Porta Imperiale
04 **Sfeerbeeld ontwerp in de Via Porta Imperiale /**
Rendering of the design in Via Porta Imperiale

05

met elkaar vergeleken. Daarnaast zijn de basisprincipes van de grammatica uiteengezet. Op deze manier is de speelruimte van de architectonische grammatica van gevels opengelegd.

Naast het theoretische onderzoek is de theorie toegepast in een ontwerpopgave in de Renaissance stad Sabbioneta. Als projectlocatie is voor de Via Porta Imperiale gekozen, de straat direct achter een van de twee originele toegangspoorten van de stad. Het ontwerp betreft een vijftal gevels die zijn ontworpen aan de hand van de regels van de architectonische grammatica tijdens de Renaissance.

Het effect dat de architectonische grammatica van de Renaissance teweeg kan brengen is tot uiting gekomen in een fictieve novelle die zich afspeelt in de Via Porta Imperiale. Deze novelle gaat over de sociale vitaliteit van het gedachtegoed ten tijde van de Renaissance en maakt het mogelijk het effect van de architectonische grammatica toegepast op de ontworpen gevels te laten ervaren door de beschouwer, de personages en de lezer van 'Het spel van de architectonische grammatica'.

Sabbioneta is a small town in Northern Italy that has been placed on the UNESCO World Heritage List as an ideal Renaissance city. The brief was to make a design for this fortified town.

Sabbioneta is a small town in Northern Italy that has been placed on the UNESCO World Heritage List as an ideal Renaissance city. The brief was to make a design for this fortified town. To make an intervention in Sabbioneta using the architectural rules of the Renaissance required an in-depth study of these rules to learn and understand them and be able to put them into practice.

The Play of Architectural Grammar researches the rules of architectural grammar during the Renaissance. The study had two objectives. One was to endeavour to gain insight into the logic of the architectural language of that period. The other was to set out to expose the effect, the mental effect, that can be achieved by applying that grammar. This raised the question of how much leeway there was in the architectural grammar of elevations during the Renaissance and how to apply that grammar in the Renaissance town of Sabbioneta so that the effect would be visible.

To be able to answer that question, it was necessary to first study the development undergone by architectural grammar during the Renaissance. Architectural treatises from the Italian Renaissance, later interpretations of these and various case studies were unravelled along encyclopaedic lines and their elements subsequently redrawn one by one and systematically compared. In addition, the basic principles of the grammar were summarized so as get an understanding of the degree of leeway available in the architectural grammar of elevations.

The results of the theoretical study have been applied in a design brief for the Renaissance town of Sabbioneta, more specifically Via Porta Imperiale, the street directly behind one of the two original town gates. The project design is for five elevations, designed using the rules of architectural grammar during the Renaissance.

The impact that the Renaissance grammar can have is expressed in a novella set in Via Porta Imperiale. This work of fiction is about the social vitality of Renaissance ideas and enables the effect of the architectural grammar applied to the designed elevations to impact on the observer, the characters and the reader of 'The Play of Architectural Grammar'.

Sabbioneta is een kleine vestingstad in het noorden van Italië en wordt erkend door UNESCO als een ideale Renaissance stad. Gevraagd werd om een ontwerp te maken voor deze vestingstad.

Sabbioneta is een kleine vestingstad in het noorden van Italië en wordt erkend door UNESCO als een ideale Renaissance stad. Gevraagd werd om een ontwerp te maken voor deze vestingstad. Om een ingreep te plegen in deze stad met de regels van de Renaissance is een grondig onderzoek nodig om die regels te kennen, te begrijpen en toe te kunnen passen.

In 'Het spel van de architectonische grammatica' worden de regels van de architectonische grammatica tijdens de Renaissance onderzocht. Het onderzoek heeft een tweeledige doelstelling. In eerste instantie wordt geprobeerd inzicht te krijgen in de logica van de architectonische taal van de Renaissance. Ten tweede wordt getracht het effect bloot te leggen dat bereikt kan worden door de toepassing van de architectonische grammatica, het mentale effect. Dit heeft geleid tot de onderzoeksvraag naar de speelruimte van de architectonische grammatica van gevels tijdens de Renaissance en de toepasbaarheid van die architectonische grammatica zodat het effect zichtbaar wordt in de Renaissance stad Sabbioneta?

Om een antwoord te kunnen geven op de vraag is ten eerste de ontwikkeling van de architectonische grammatica tijdens de Renaissance onderzocht. Italiaanse architectuurtraktaten uit de Renaissance, latere interpretaties hierop en verschillende casestudies zijn op een encyclopedische manier ontrafeld en aansluitend zijn de elementen stuk voor stuk hertekend en systematisch

Opleiding _ Place of education
TU-Eindhoven
Studierichting _ Specialization
architectuur / *architecture*
Mentoren _ Tutors
Bernard Colenbrander, Wouter Hilhorst, Renato Kindt
Email adres _ Email address
leonievanbuuren@hotmail.com

Leonie van Buuren

01

02

03

01   **Avondbeeld /** In the evening
Het tussenlandschap vernauwdt en verbreedt. Er is een plek om buiten te zijn en waar vuur gestookt wordt. Vanaf zee is slecht weer op komst. / The betweenscape narrows and widens. There is a place for being out of doors, where you can light a fire. Inclement weather is on its way from the sea.

02   **Aankomst /** Arrival
Onderaan het duin wordt het gebouw duidelijk zichtbaar. Een zone van kolommen. De slingerende weg biedt steeds nieuwe aangezichten. / The building is clearly visible from the foot of the dune. A zone of columns. The view from the winding road is constantly changing.

03   **Ochtendbeeld /** In the morning
De kinderen van de verschillende families zijn al vrienden geworden. Spelen doe je natuurlijk in de duinen. De moeders houden vanuit de ochtendruimte een oogje in het zeil. / The children of the different families have all become friends. The dunes are obviously the place to play. The mothers keep an eye out from the morning room.

04

05

06

04   Doorsnede / Section

Hier is te zien dat het gebouw is opgebouwd uit zones. Op de verdieping ligt de stervende rustig op bed. Teruggetrokken in het verblijf met de familie in de nabijheid / Here we can see that the building is assembled from zones. Upstairs, the dying lie peacefully abed, safely in their quarters with their family nearby.

05   Binnentuin / Courtyard garden

Kleurige grassen en bloemen samen met gebrand hout. Het biedt tijdens het rouwen troost dat de natuur zo mooi kan zijn. Terwijl je net hebt ondervonden dat de natuur ook meedogenloos kan zijn. / Colourful grasses and flowers along with charred wood. That nature can be so ravishing can be a comfort during the mourning process. And this when you have just discovered how ruthless nature can be.

06   Sterfplek / A place to die

In het verblijf zijn verschillende daklichten. De zon schijnt gedurende de dag een fascinerend lichtspel. Als de zon ondergaat volgt na verloop van tijd de heldere sterrenhemel. Samen met de familie kun je hier in alle rust de laatste tijd doorbrengen. / There is an assortment of roof lights in the living quarters. The sun when shining creates a fascinating play of light. When it sets, a clear night sky takes its place after a while. This is a peaceful place to spend your last days with your family.

07

08

Een overtocht naar Terschelling

Ik houd van Terschelling. Niet alleen omdat mijn familie hier geboren en getogen is, maar vooral vanwege de romantiek van de boottocht, de verschillende landschappen op een klein stukje aarde en de in overvloed aanwezige natuurkrachten. Met mij houden nog veel meer mensen van Terschelling, elk jaar maken 400.000 mensen de oversteek. Deze mensen komen ieder jaar, zo niet vaker, terug naar het eiland. De liefde voor het eiland wordt vaak doorgegeven aan volgende generaties doordat families hier gezamenlijk hun vakanties vieren.

En dan opeens wordt een persoon met de naderende dood geconfronteerd en daarmee de naasten van die persoon. Je vraagt je af hoe je de laatste tijd van je leven kan en wilt doorbrengen. Doe je dat in een hospice zoals we dat vandaag de dag kennen, wat gechargeerd gezegd een nagebootste thuissituatie is waar meerdere mensen verblijven die allen wachten op de dood, omringd met de nodige zorg? Waar een breuk ontstaat tussen de woonomgeving en de plek waar men zal overlijden. Waar de familie zo nu en dan op visite komt?

Ik vind dat het anders moet en anders kan! Zou het niet mooi zijn om met de familie, die vaak verspreid door het land woont, nog een keer gezamenlijk de overtocht naar Terschelling te maken, de plek waar je zo van houdt. En daar de laatste tijd met elkaar door te brengen, bijna als eerdere vakanties. Omringd door de natuur, met haar krachten, ritmes en invloeden?

De wind, die ervoor zorgt dat het landschap continu in beweging is. De zee met haar getij, het onstuimige weer wat je van ver aan ziet komen. De kraakheldere nachten met de sterrenhemel. Waar men troost in kan vinden doordat je beseft dat wij onderdeel zijn van de natuur, een groter geheel. Dat bestaat uit invloeden waar we geen controle op hebben en ritmes die alsmaar terugkeren, net als de cyclus van leven en dood. En we uiteindelijk zullen meebewegen in deze natuurlijke tendensen waarop we ons overgeven aan de natuur en toe kunnen geven aan sterven.

Omdat de dood confronterend is voor een familie ben ik bewust subtiel omgegaan met emoties die bij deze fase horen. De fasering door de tijd heen en het introverte karakter van delen van het verblijf en de binnentuin sluiten hierbij aan. Om na een aantal dagen van rouw terug te keren naar het extraverte landschap, waar je je vrienden en familie treft voor het afscheid.

To Terschelling by ferry

I love the island of Terschelling. Not just because my family was born and bred here, but most of all because of the romance of the ferry crossing, the different landscapes on such a small piece of planet and the abundance of natural forces. But a good many more people love Terschelling, with 400,000 making the crossing annually. These are people who return every year, maybe more than once. This love felt for the island is often passed on to subsequent generations, as whole families tend to take their holidays here.

And then all at once someone is confronted with his or her imminent death, as are that person's nearest and dearest. That raises thoughts about how you would like to spend your last days. Would it be in a hospice as we know it, an imitation home situation with others all waiting to die, surrounded by the necessary care? With an inevitable break between your home life and the place where you are to die? Where your family pays you a visit every now and then?

I feel it can and must be done differently. Wouldn't it be fine to make one last crossing, in the company of your family whose homes are often located far and wide, to Terschelling, the place you love? And spend your last days there together, in almost the same way as before, surrounded by nature with its forces, rhythms and influences?

The wind, which ensures that the landscape is continually in motion. The sea with its tides, the inclement weather that you see long before it arrives. The crystal-clear nights full of stars. All this can give us comfort in knowing that we are part of nature, part of a greater whole. This consists of influences beyond our control and rhythms that keep returning, just like the cycle of life and death. And in the end we will move with these natural tendencies, surrendering to nature and able to accept death.

Because death is confrontational for a family, I have deliberately taken a subtle approach to the emotions attendant on this stage. The phasing over time and the introverted character of parts of the living quarters and the courtyard garden are in chime with this approach. And then to return, following several days' mourning, to the extrovert landscape, where you meet up with your friends and family for the funeral.

07 **Begane grond (collectieve ruimtes, tussenlandschap, familieverblijven en de binnentuin)** / Ground floor (communal room, betweenscape, family lodgings and courtyard garden)
08 **Verdieping (ruimten voor de stervenden en de rondgang van de zorg)** / Upper floor (rooms for the dying and for the round of care)

Opleiding _ Place of education
AvB Amsterdam
Studierichting _ Specialization
architectuur / *architecture*
Mentoren _ Tutors
Jan-Richard Kikkert, Bruno Doedens, Gunnar Daan
Email adres _ Email address
sjspanjer@gmail.com

01 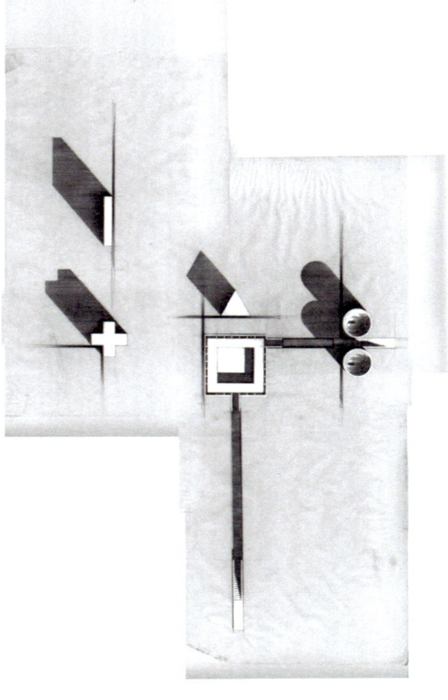

02 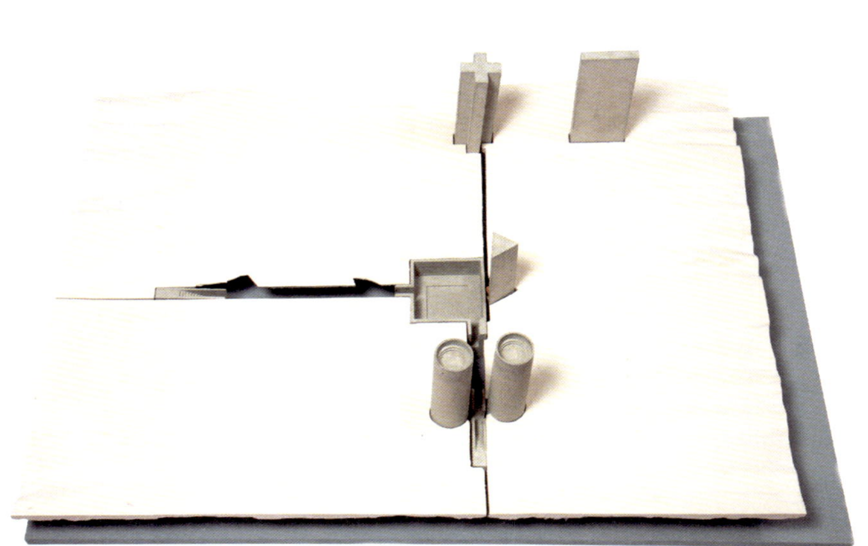

The Isolated Landscape and the Manmade

Deze studie is gericht op het ontwikkelen van een ontwerpbenadering voor de afgelegen landschappen van Mayo in Ierland. This study aimed to develop an approach to designing within the isolated landscapes of Mayo, Ireland.

01 Studie van het landschap; Inis Keeragh en het grid van Manhattan /
Landscape study: Inis Keeragh and the Manhattan Grid
02 Studie van de stad, Borges's Immortal City / Urban study, Borges's Immortal City
03 Ballycroy Observatorium / Ballycroy Observatory
plattegrond / plan
04 Locatie en utilitaire functie / Site and utilitarian function:
Ballycroy Observatorium / Ballycroy Observatory
maquette / model

   Aidan Conway

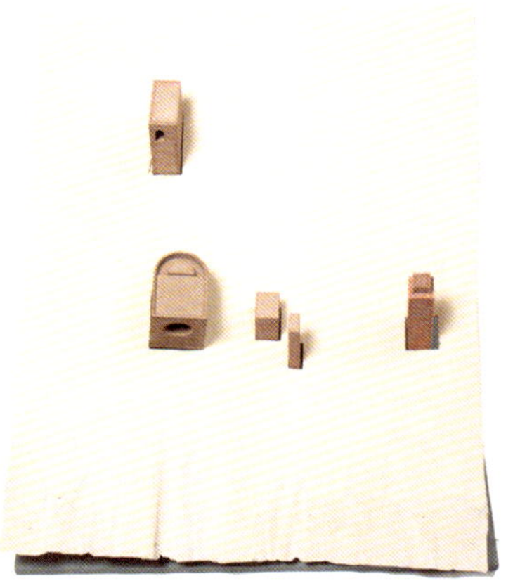

05

09

06

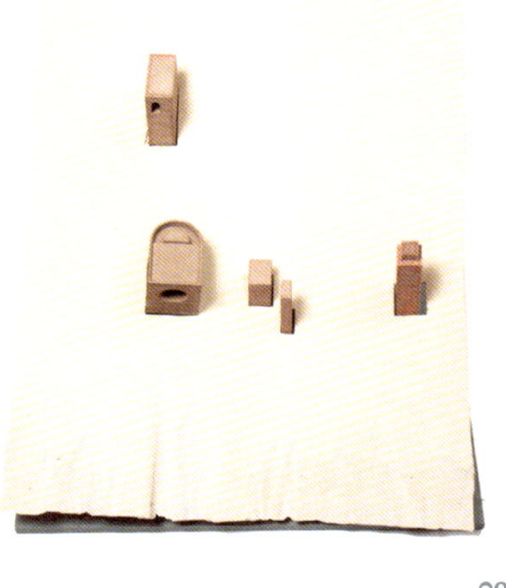

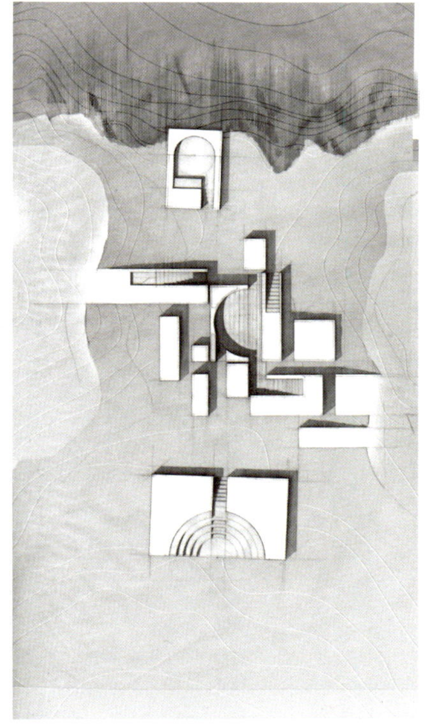

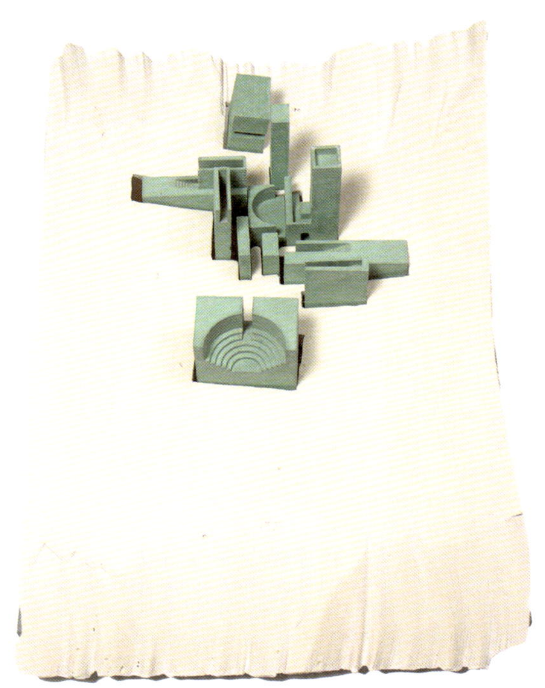

07

08

10

05   Achill schuilplaats / Refuge on Achill Island
06   Clew Bay Tower
perspectief / perspective
07   Mweelrea Amfitheater / Mweelrea Amphitheatre
plattegrond / plan
08   Locatie en utilitaire functie / Site and utilitarian function:
Mweelrea Amfitheater / Mweelrea Amphitheatre
 maquette / model
09   Locatie en utilitaire functie / Site and utilitarian function:
Achill schuilplaats / Refuge on Achill Island
maquette / model

10   Clew Bay Tower
plattegrond / plan

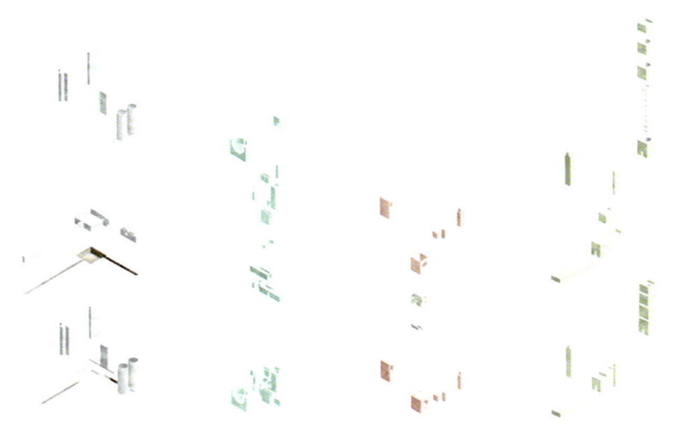

Deze studie is gericht op het ontwikkelen van een ontwerpbenadering voor de afgelegen landschappen van Mayo in Ierland.

Een opdracht van de lokale autoriteiten voor het ontwerpen van een schuilplaats langs de wandelpaden in de regio wierp de vraag op hoe een kunstmatig object zich verhoudt tot het afgelegen landschap. Om de optie van de verzoening tussen beide te kunnen onderzoeken moet het conflict eerst omschreven worden. Daartoe wordt de extreme vorm van natuur in de vorm van het afgelegen landschap van Mayo geconfronteerd met de stad, die gezien kan worden als het hoogtepunt van de door de mens gemaakte cultuur.

Omdat een beter begrip van beide elementen vereist was, spitste het onderzoek zich eerst toe op het landschap en de verschillende manieren waarop dit gelezen en geïnterpreteerd kan worden. Gekeken is naar de ontstaansgeschiedenis, hoe mensen zich bezighouden met het landschap, onder meer met taal, hoe ze erin bouwen, hoe ze het waarnemen en hoe ze er doorheen navigeren. Naast deze studie naar het landschap werd de stad onderzocht op haar fundamentele elementen, waarbij onder meer Steven Holl's alfabetische stad en Joseph Fentons Hybride gebouwen een plaats kregen. Op deze wijze kunnen letterlijk de formele bouwstenen van de stad en het menselijk ingrijpen worden vastgesteld. Dit onderzoek speelde zich af op de zeer uiteenlopende schalen van landschap tot object.

De thesis van Peter Eisenman getiteld ‘*the formal basis of modern architecture*’ beschrijft de start van het ontwerpproces als een spanning tussen de utilitaire en de symbolische functie van een gebouw. Het spel en de onderhandelingen tussen beide resulteren uiteindelijk in de definitieve vorm. Mijn studie van elke locatie impliceert of vraagt om een utilitaire functie terwijl het symbolische aspect geïnspireerd is op het essay ‘*Platforms and Plateaus*’ van Jorn Utzon uit 1962. Utzon beschrijft de openbarende kracht van de piramides van de Azteken die de perceptie van het dichte regenwoud volledig omkeert. Het dak wordt een tapijt, de hemel opent zich.

Dit moment van openbaring, dat weerklank vindt in de eerder genoemde studie naar de perceptie van het landschap,

staat symbool voor de ontmoeting van de stad en het landschap. Het individu verlaat het landschap door een stedelijk moment te betreden waar het landschap wordt ontkend en het begrip van beide in twijfel wordt getrokken, tot het moment passeert en het landschap opnieuw wordt geïntroduceerd.

Dit stedelijke moment bestaat uit de formele reducties zoals die in de studie van de stad geanalyseerd zijn. Ze zijn zodanig gearrangeerd dat de waarneming van het landschap op dit moment volledig vervangen wordt door die van het artificiële, om op haar beurt op het landschap zelf te reageren. De utilitaire functie van elke interventie moet zich zowel als een willekeurig eenvoudige volume in het landschap manifesteren als in het stedelijke scenario. Door deze lijn te bewandelen tracht het beide te verenigen.

This study aimed to develop an approach to designing within the isolated landscapes of Mayo, Ireland.

A commission from the local authority to design a shelter amongst the hiking trails in the county prompted the question of how to resolve the manmade object and isolated landscape. To investigate the problems of reconciliation, the conflict must first be outlined. Namely countering this extreme form of nature, the isolated landscapes of Mayo, with the pinnacle of culture and the manmade, the city.

A greater understanding of both was required, research focused on the landscape and the various methods of reading and interpreting it, formation, language and memory, and perception. How the landscape came to be, how humans engage with it through language and the built form, and, how they perceive and navigate through it. Along with this came a study of the city and its fundamental elements, citing Steven Holl's The Alphabetical City, Joseph Fenton's Hybrid Buildings, etc. Here quite literally the formal building blocks of the city and the manmade can be established. This resulted in the extremely disparate scales of landscape and object.

Peter Eisenman's dissertation *The Formal Basis of Modern Architecture* describes the initial processes of design as a tension between the utilitarian and symbolic functions of a building. The play and negotiation between the two eventually resulting in the final form. The study of each site implies or demands a utilitarian function, while the symbolic is inspired by Jørn Utzon's 1962 essay ‘*Platforms and Plateaus*’. Utzon describes the revelatory power of Aztec pyramids to invert their user's perception of their dense rainforest environment, the canopy becomes a carpet, the sky is opened.

This revelatory moment, which finds resonance in the aforementioned study of landscape perception, provides a symbolic function and also the moment where city and landscape meet. The individual is removed from the landscape by inserting them in an urban manmade moment, where the landscape is denied and their understanding of both is questioned, before the moment passes and the landscape is reintroduced.

This urban moment is composed of the formal reductions analysed in the study of the city, arranged to obscure the landscape in this moment, in turn reacting formally to the landscape itself. The utilitarian function of each intervention is forced to perform formally as both a haphazard simple volume in the landscape and within the urban scenario which had been posed. Through treading this line it seeks to unify both.

Opleiding _ Place of education
TU-Delft
Studierichting _ Specialization
architectuur/architecture
Mentoren _ Tutors
Jorge Meija Hernandez, Patrick Healy, Hubert van der Meel
Email adres _ Email address
aidan_conway@live.com

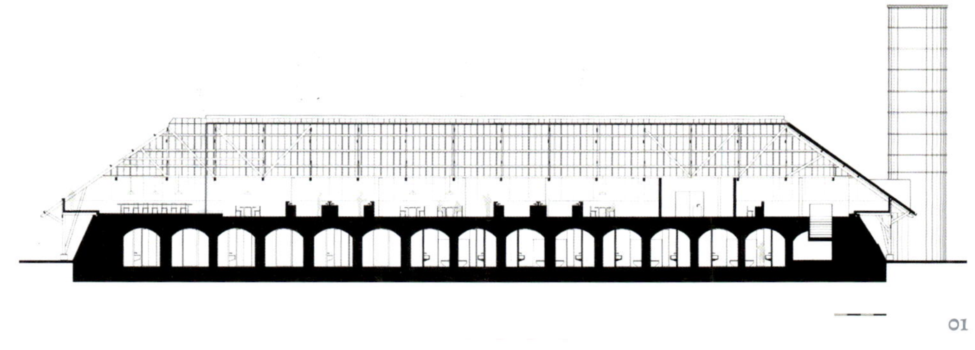

01

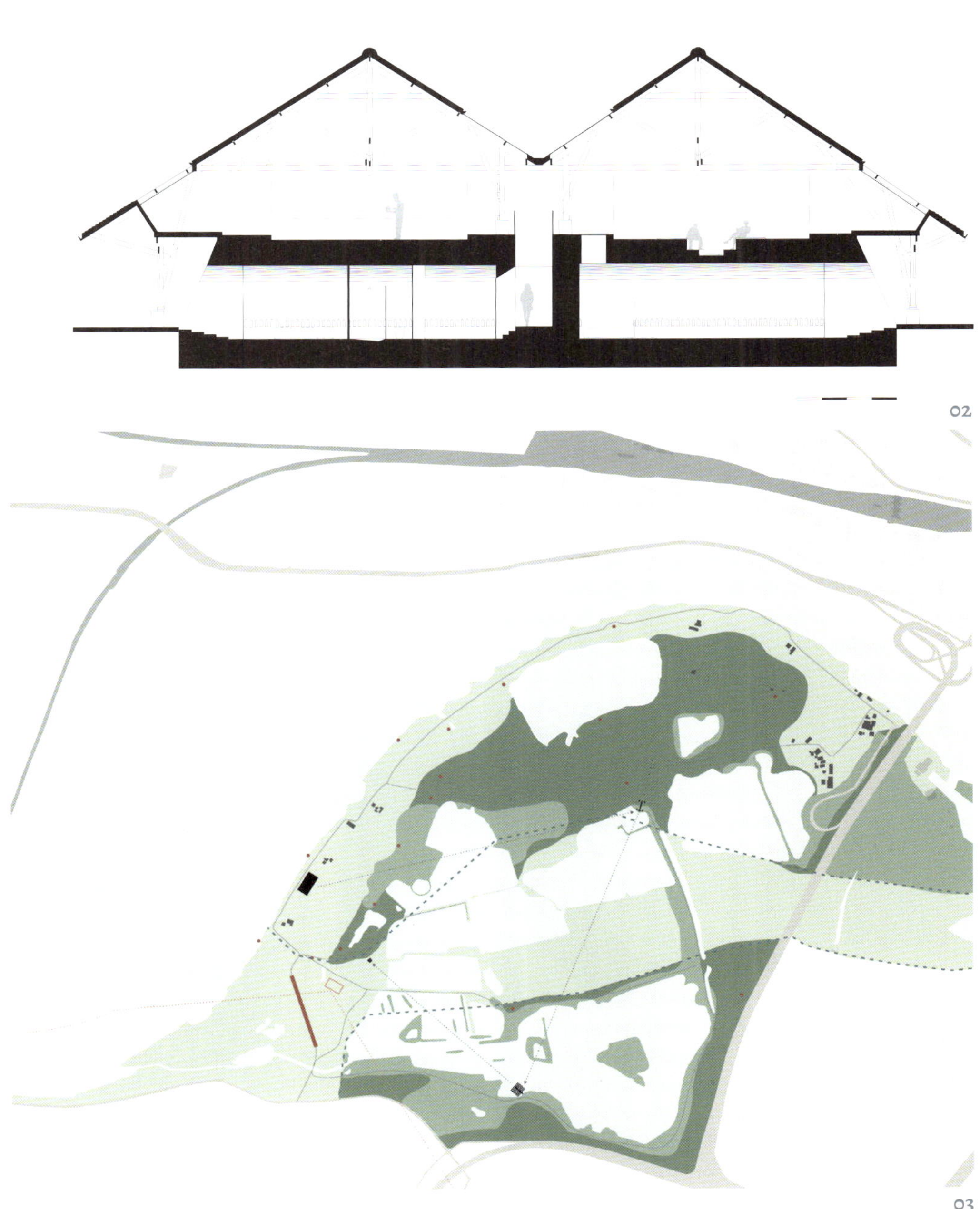

02

03

01 Langsdoorsnede van het hotel: op de begane grond de hotelkamers, op de 1ste verdieping het restaurant en aan de linkerzijde het terras. / Longitudinal section of the hotel: on the ground floor the hotel rooms and on the 1st floor the restaurant with the terrace on the left.

02 Dwarsdoorsnede van het hotel: op de begane grond de hotelkamers, op de 1ste verdieping aan de linkerzijde het openbaar toegankelijke restaurant, aan de rechterzijde ruimtes voor de hotelgasten. / Cross section of the hotel: on the ground floor the hotel rooms and on the 1st floor the public restaurant on the left and the rooms for hotel guests on the right.

03 Situatie / Site plan Het door de steenfabriek getransformeerde landschap van Meinerswijk met daarin de zichtlijnen tussen de architectonische follies en de steenfabriek Elden. / The landscape of Meinerswijk as transformed by the Elden brickworks, showing the sightlines between the architectural follies and the former brickworks.

follies zichtlijnen / sightlines of follies
fietspad, lokaal verkeer / cycle route, local traffic
overstromingsvlakte / flood plain
Romeins castellum / Roman castellum
IJssellinie / IJssel defence line
alluviaal bos (ooibos) / alluvial woodlands (flood plain forest)
nieuw bos / new woodlands
begrazing / grazing land
wonen / dwelling
locaties steenfabriek Elden en follies / locations of Elden brickworks and the follies

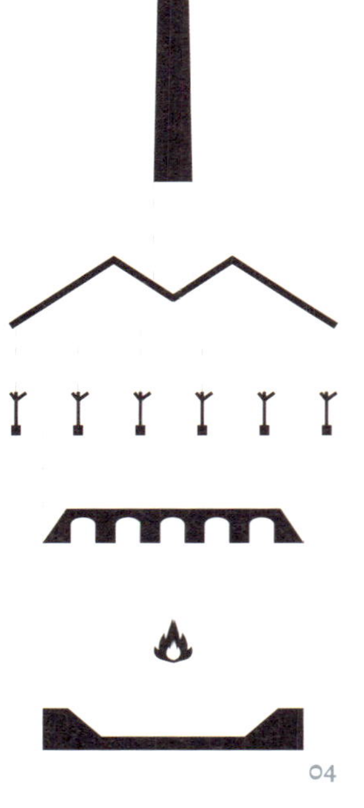

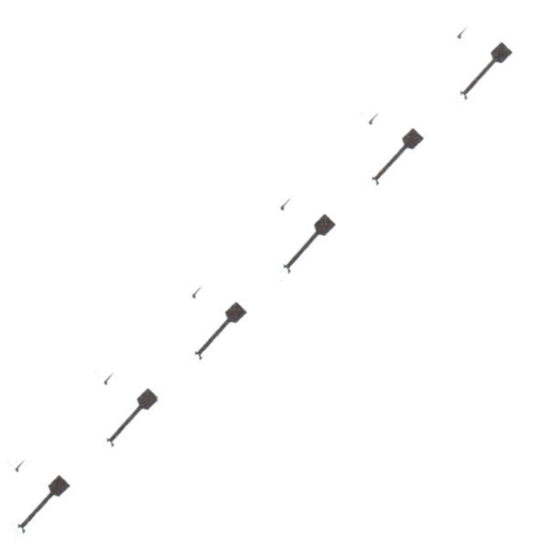

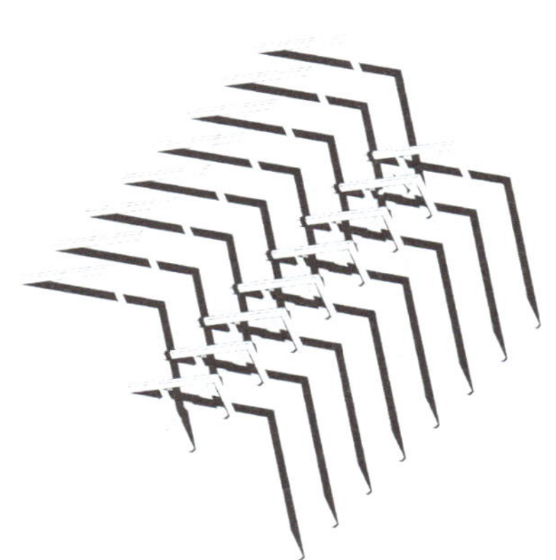

04 De deconstructie van de steenoven is het onderliggend concept voor de architectonische follies, opgedeeld in de typerende elementen: de schoorsteen, het dak, de houten constructie, de tunnelovens, het vuur en de kleiput. / The concept informing the architectural follies is the deconstruction of the brickyard typology into its constituent elements of chimney, roof, wooden construction, tunnel ovens, fire and clay pit.

05 De houten constructie wordt geaccentueerd door de grote open ruimte van het restaurant waar de tafels voor de gasten verspreid staan tussen de verschillende keukens. / The wooden construction is pointed up by the large open space of the restaurant where tables for the hotel guests are dispersed between the kitchens.

06 De voormalige rookgang is nu de ontsluiting tot de hotelkamers en de centrale opening in het dak zorgt voor lichtinval in het gebouw. / The former smoke corridor now accesses the hotel rooms, with a central opening in its roof to allow in daylight.

07 De follies worden geabstraheerd door geometrische vereenvoudiging en deconstructie van de typologische elementen van de steenoven. / The follies are abstracted by the geometric simplification and deconstruction of the typological elements of the brick oven.

De herbestemming van steenfabriek 'Elden' en het Meinerswijkse landschap

Gedurende de 20e eeuw ondergingen het landschap en de skyline van Arnhem langs de Nederrijn drastische veranderingen tengevolge van de intensieve kleiwinnig voor de baksteenindustrie. In 1928 start steenfabriek Elden met de productie van klinkers in een nieuwe vlamoven. De mechanisatie en reorganisatie van deze industriesector dwong de steenfabriek Elden te sluiten in 1992. Dit herbestemmingproject behelst de renovatie en transformatie van steenfabriek Elden tot een hotel en restaurant met behoud van de typerende kenmerken van de baksteenindustrie. De ruimten, de massa, de schoorsteen en de tunnelovens vormen een inspiratiebron voor het nieuwe ontwerp. De veranderingen aan het gebouw kunnen gezien worden als een nieuwe historische laag. Daarbij worden geen elementen toegevoegd, wel verwijderd als een beginnende deconstructie in de tijd.

Het uiterwaardenpark Meinerswijk van Arnhem is een gevarieerd gebied met bijzondere natuurlijke en cultuurhistorische waarden. Kenmerkend voor dit landschap is de historische gelaagdheid: de aanwezigheid van resten van een Romeins fort, de IJssellinie en de baksteenindustrie. De baksteenindustrie transformeerde het gebied door het winnen van klei waardoor kleiputten ontstonden, daardoor is Meinerswijk deel geworden van het industrieel erfgoed.

De historische gelaagdheid van het landschap en de langzaam verdwijnende baksteenindustrie waren een inspiratiebron voor het ontwerp van nieuwe objecten verspreid in het natuurgebied van Meinerswijk. Deze architectonische sculpturen herinneren aan de baksteenindustrie en nodigen de bezoeker uit het natuurgebied te verkennen en er te vertoeven. De visuele verbindingen van de objecten leiden de bezoeker door het natuurgebied en maken hem bewust van het getransformeerde landschap. De elementen worden één met de natuur en verbinden zich ook met de andere aanwezige objecten in het landschap zoals de betonnen bunkers en de fundamenten van het Romeinse fort. Deze archetypische follies zijn gerelateerd aan

de typische elementen van de gedeconstrueerde baksteenfabriek Elden: de schoorsteen, het dak, de houten constructie, de oven, het vuur en de kleiputten. Door geometrische vereenvoudiging en deconstructie van deze elementen verliezen de follies de speciale band met steenfabriek Elden en worden ze een abstract archetype van de baksteenindustrie in de gedachten van de bezoeker.

De deconstructie benadrukt de universele overeenkomsten van alle baksteenfabrieken en toont de essentie van deze industriesector. Door de intense beleving van de follies en door het denkbeeldig reconstrueren van de archetypes ontketenen deze follies de overgang van de fenomenale werkelijkheid naar het noumenale rijk van de ideeën waar de geschiedenis van de baksteenindustrie van Arnhem ligt.

The redevelopment of the 'Elden' brickworks and the Meinerswijk landscape

During the 20th century, the landscape and skyline along the Nederrijn River in Arnhem was drastically transformed as a result of intensive clay extraction by the brick industry. The Elden brickworks began operations in 1928, producing clinker bricks in a new flame oven. With the mechanization and reorganization of this industry sector, these brickworks closed down in 1992. This redevelopment project seeks to renovate the Elden brickworks and transform them into a hotel and restaurant, retaining characteristic aspects of that industry. The spaces, the mass, the chimney and the tunnel ovens were a source of inspiration for the new design. The modifications to the building can be regarded as a new layer of history. Elements are not added, however, but removed as the first step in a deconstruction in time.

Meinerswijk in Arnhem is a richly varied flood plain of great natural and cultural-historical value. This recreational nature park has a landscape of historical layers, with its remains of a Roman fort, the IJssel defence line and the brick industry. That industry transformed the area through its extraction of clay, leaving clay pits, which is why Meinerswijk is now part of the Dutch industrial heritage.

The layers of history in the landscape and the steadily disappearing brick industry were sources of inspiration for designing new objects scattered in the natural landscape of Meinerswijk. These architectural sculptures recall the brick industry and invite visitors to explore the nature park and spend time there. The visual links provided by the objects lead visitors through the nature area and make them aware of the transformed landscape. These elements become one with nature and also reach out to the other objects present in the landscape such as the concrete bunkers and the foundations of the Roman fort. These archetypical follies are related to the typical elements of the deconstructed Elden brickworks: the chimney, the roof, the wooden construction, the oven, the fire and the clay pits. By applying geometric simplification and deconstruction to these elements, the follies relinquish their special bond with the Elden brickworks to become an abstract archetype of the brick industry in the minds of visitors.

The deconstruction process stresses the similarities between brickworks everywhere, revealing the essence of this sector of industry. Through the intensity of visitor experience of the follies and the imaginary reconstruction of the brickwork archetypes, these follies trigger the transition from phenomenal reality to the noumenal wealth of ideas that constitute the history of Arnhem's brick industry.

08 De collage illustreert de relatie van de follies met de steenfabriek en hun integratie in de natuur van Meinerswijk. / Collage illustrating the follies' relationship with the brickworks and their integration into the nature of Meinerswijk.

Opleiding _ Place of education
TU-Eindhoven
Studierichting _ Specialization
architectuur / *architecture*
Mentoren _ Tutors
Jos Bosman, Marcel Musch, Geert Das
Email adres _ Email address
degaetano.steffie@gmail.com

Eervolle Vermelding
Honourable Mention

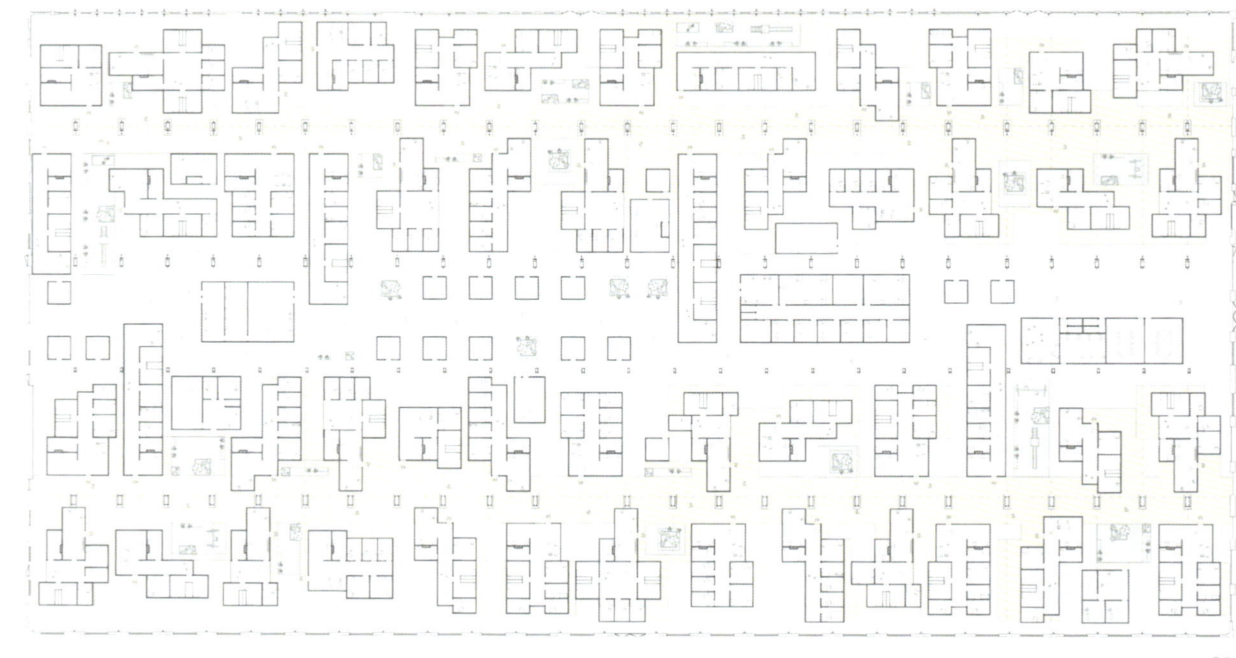

01

01 **Plattegrond** Door de woningen aan te passen aan de gezinssamenstelling en culturele achtergrond van de bewoners ontstaat een gevarieerde stad. / **Plan** A multifarious city produced by adapting the dwellings to family composition and cultural background.

02 **Voorbeeld** van een aangepaste woningplattegrond naar Syrische gebruiken. De woning is georganiseerd rondom een patio. / Example of a unit plan adapted to Syrian practices. The home is organized round a courtyard.

03 **Maquette** / model

Anneloes de Koff

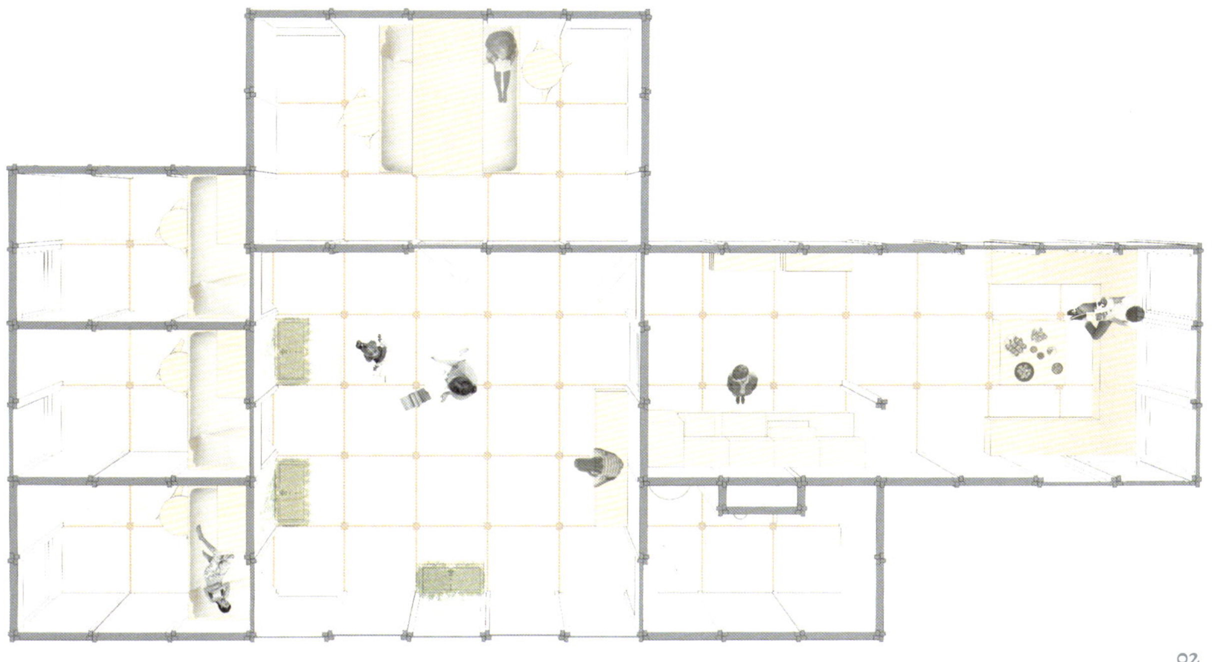

02

03

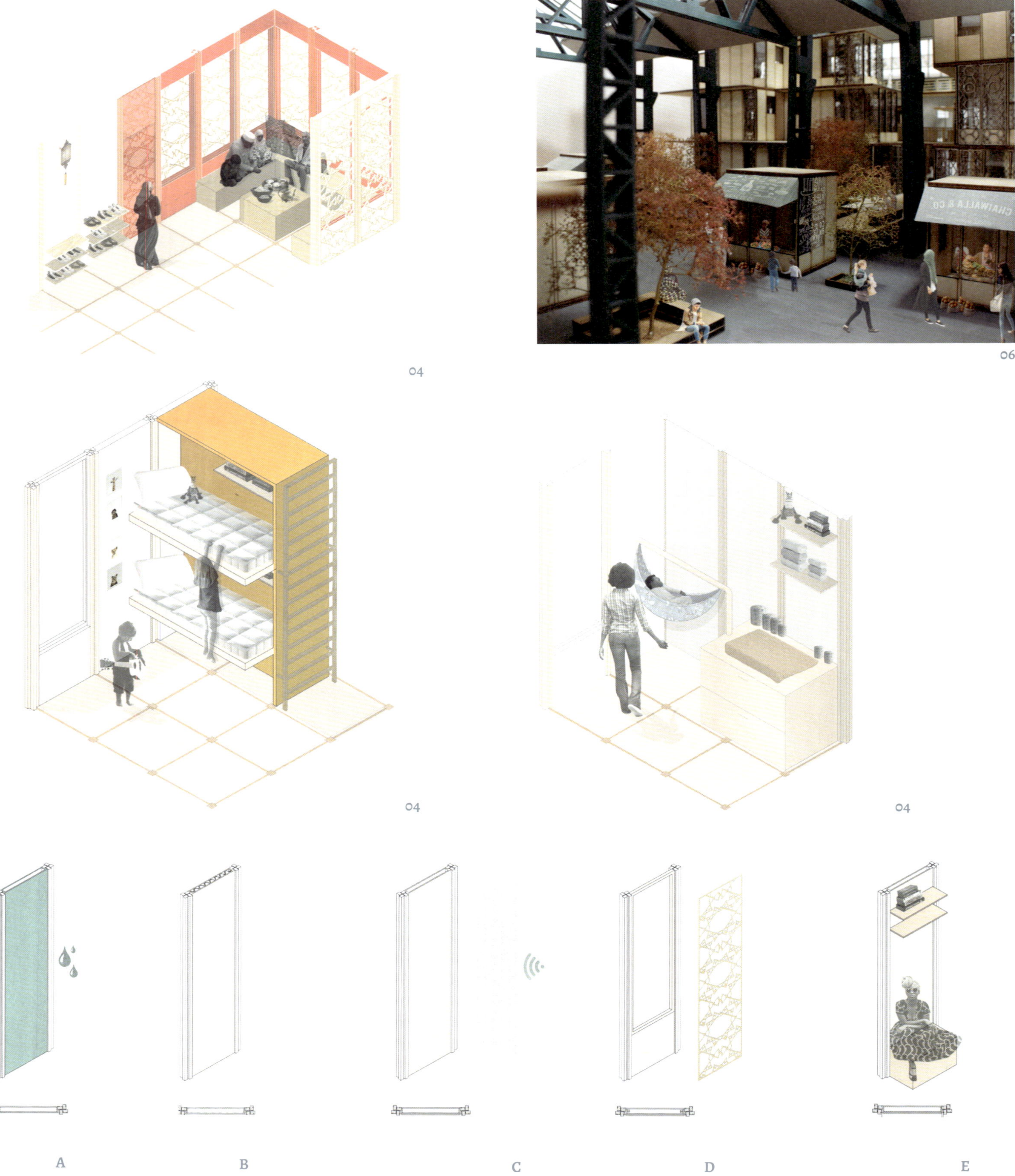

04

06

04

04

A B C D E

05

04   Om de opvanglocatie een zachte overgang tussen land van herkomst en Nederland te laten zijn dient al het meubilair aangepast te kunnen worden aan culturele gebruiken. Zo zijn Afrikaanse baby's bijvoorbeeld gewend om in een hangmat te slapen. Het systeem kan in deze individuele behoeften voorzien. / To make the holding centre a soft transition between country of origin and the Netherlands, all furniture needs to be adaptable to different cultural practices. For example, African babies are used to sleeping in a hammock. The system can make provision for these individual needs.

05   Met 5 types wandelementen kan een oneindige variëteit aan woningconfiguraties worden ontworpen. / Five types of wall panels can be used to design an infinite variety of dwelling configurations.

A   **waterbestendig** / waterproof
B   **afscheiding** / separation
C   **akoestisch**/ acoustic
D   **verrijking**/ enrichment
E   **meubilair**/ furniture

Anneloes de Koff

07

Een thuis voor de asielzoekers

 Het Centraal Orgaan Asielzoekers (COA) is in Nederland verantwoordelijk voor de opvang van asielzoekers. In het jaar 2015 heeft zij te maken gehad met de grootste toestroom van vluchtelingen tot nu toe. Dit resulteerde in hoge politieke druk om iedereen van een bed te voorzien. Experts zijn het oneens over de ontwikkeling van deze toestroom. Onrusten in Turkije en het afsluiten van de Balkanroute zijn slechts enkele onzekere factoren dit het moeilijk maken een voorspelling te doen. 'A home for the displaced' biedt een flexibele huisvestingsoplossing voor een fluctuerende stroom asielzoekers en voorziet hierbij in de verschillende primaire basisbehoeften van deze doelgroep door middel van een generiek bouwsysteem dat kan inspelen op deze fluctuerende toestroom. Het bouwsysteem kan zich voegen naar elke nieuwe bewoner en het kan aangepast worden aan de gezinssamenstelling en culturele achtergrond van de asielzoeker. Door gebruik te maken van digitale technieken kan in deze aanpassing per gebruiker worden voorzien en tevens een seriematig product worden ontwikkeld.

Het plan wordt gekenmerkt door drie soorten flexibiliteit. Stedelijke flexibiliteit door het plaatsen van de woningen in leegstaande hallen in binnenstedelijke gebieden. Gebruikers flexibiliteit door in te spelen op de grootte van een gezin en individuele behoeften in relatie tot leeftijd en culturele achtergrond. Tot slot toegepaste flexibiliteit middels het bouwsysteem waarbij asielzoekers zelf hun woning kunnen bouwen en aanpassen. Dit werkt niet alleen kostenbesparend maar biedt ook nieuwe vaardigheden en een nuttige dagbesteding.

Door de woningen te zien als voorziening voor een overgangsfase waarbij een persoon is afgescheiden van zijn vroegere context maar tegelijk nog niet verankerd is in een nieuwe structuur, wordt een soort tussenruimte gecreëerd en het begrip liminaliteit geïntroduceerd. De periode in een opvanglocatie zou als een liminale fase gezien kunnen worden. Het vertrouwde thuisland is achtergelaten, maar iemand kan zich nog niet in de onbekende omgeving van een nieuw land vestigen. Door hierop in te spelen bij het ontwerp van toekomstige opvanglocaties en op alle schaalniveaus kleine aanpassingen door te voeren, kan met dezelfde bescheiden middelen een zachtere overgang gecreëerd worden die de bewoner in staat stelt om zich geleidelijk aan te passen aan de nieuwe omringende sociale structuren.

Door de woningen midden in Amsterdam binnen de leegstaande van Gendthallen te situeren en een publieke as te introduceren waaraan verkooppunten, fab-labs en repair cafés zijn gesitueerd kan een natuurlijk contact ontstaan tussen de asielzoekers en autochtone bevolking. Hierdoor kan het veel meer bieden dan een tijdelijk onderkomen. Dit met als doel de angst voor de vaak onbekende asielzoeker weg te nemen en andersom de integratie te bevorderen.

A home for asylum seekers

In 2015, the national Central Agency for the Reception of Asylum Seekers (Dutch initials COA) was faced with the greatest influx of asylum seekers in the Netherlands so far. This resulted in the government being put under severe pressure to provide beds for everyone. Expert opinions differ on where this development is heading. Unrest in Turkey and the closure of the Balkan route are just two uncertainties that impede making any predictions. 'A home for the displaced' provides flexible housing for a fluctuating influx of asylum seekers, fulfilling the different basic needs of this target group with a generic building system that can respond to these fluctuations. The system can adapt to each new occupant and be customized to family composition and cultural background.

This adaptation per occupant is made possible by the use of digital techniques, which also enable the product to be developed in series. The project entails three types of flexibility. These are urban flexibility, by siting the dwellings in vacant factory sheds in inner urban areas; user flexibility, by responding to the size of families and to individual needs in terms of age and cultural background; and lastly applied flexibility, using a building system that enables asylum seekers to build and adapt their homes themselves. This is not only cost-effective but encourages them to use new skills and provides them with a meaningful way of spending their day.

By treating these dwellings as more of a transitional phase, in which people are separated from their former context but not yet anchored in a new structure, they form a kind of intermediate space, which introduces the concept of liminality. The period asylum seekers spend in a holding centre might be regarded as a liminal phase. They have left their familiar home country behind but are as yet unable to settle in the unfamiliar context of a new country. By taking account of this situation when designing future holding centres and effectuating small modifications at all scales, the same modest means can be used to create a softer transition that enables residents to gradually adapt to the new social structures around them.

By locating the dwellings in the centre of Amsterdam in the vacant Van Gendt factory sheds and by introducing a public axis along which are selling points, fab labs and repair cafés, a natural form of contact can arise between the asylum seekers and the locals. Because of this, the dwellings can offer much more than just temporary accommodation. The twin aim is to remove the fear among locals of the often unfamiliar newcomers and to help these asylum seekers to integrate.

06   Een publieke Middenstraat in de middelste van Gendthal waarvan de omliggende stad gebruik kan maken. Deze middenstraat bestaat uit repair cafés en verkooppunten waarbij de bewoners hun diensten kunnen leveren en in een nuttige dagbesteding kunnen voorzien. / A public street (Middenstraat) in the centremost shed of Van Gendt can be used by the surrounding city. This 'middle-street' consists of repair cafés and selling points where the residents can sell their products and services and fill in their day usefully.

07   Nadat de sanitaire kern, vloeren en draag constructieve kolommen door professionals zijn geplaatst kunnen de bewoners de verdere invulling van wandelementen verzorgen. Deze zijn te verkrijgen bij de lokale fabrication labs. / Once the core of sanitary facilities, the floors and the load-bearing columns have been installed by professionals, the residents can add the wall panels themselves. These are obtainable from the local fabrication labs.

Opleiding _ Place of education
TU-Delft
Studierichting _ Specialization
architectuur / *architecture*
Mentoren _ Tutors
Monique Smit, Maarten Meijs, Pieter Stoutjesdijk
Email adres _ Email address
anneloesdekoff@hotmail.com

Hommage au Borinage _ *Een schuilplaats voor lange-afstandswandelaars.* *A refuge for long-distance hikers.*

Eervolle Vermelding
Honourable Mention

01 De Marcasse mijn en terril Saint Antoine Escouffiaux /
The Marcasse mine and terril Saint Antoine Escouffiaux

Giel Sengers

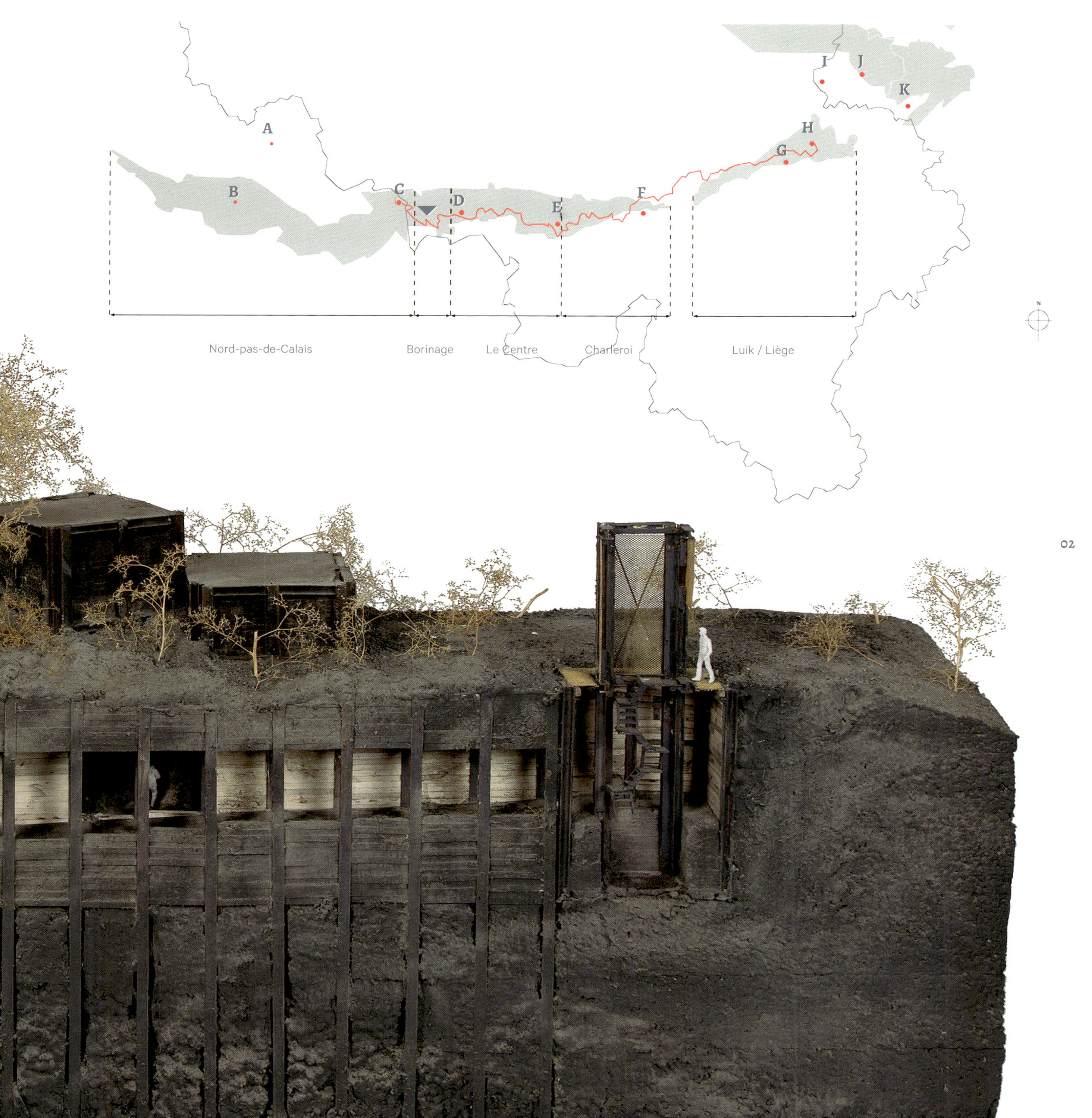

03

02 **Terrilpad GR412 – een lange afstandswandeling van 280 kilometer door het Waalse mijnbouwverleden** / Terril path GR412 – a long-distance walk of 280 kilometres through Wallonia's mining history

03 **Maquette** / Model

A	Lille	I	Maastricht
B	Lens	J	Heerlen
C	Bernissart	K	Aken / Aix-la-Chapelle
D	Mons	▼	**Locatie: Homage au Borinage** / Location: Homage au Borinage
E	Charleroi		
F	**Namen** / Namur		
G	**Luik** / Liège		
H	Blegny		

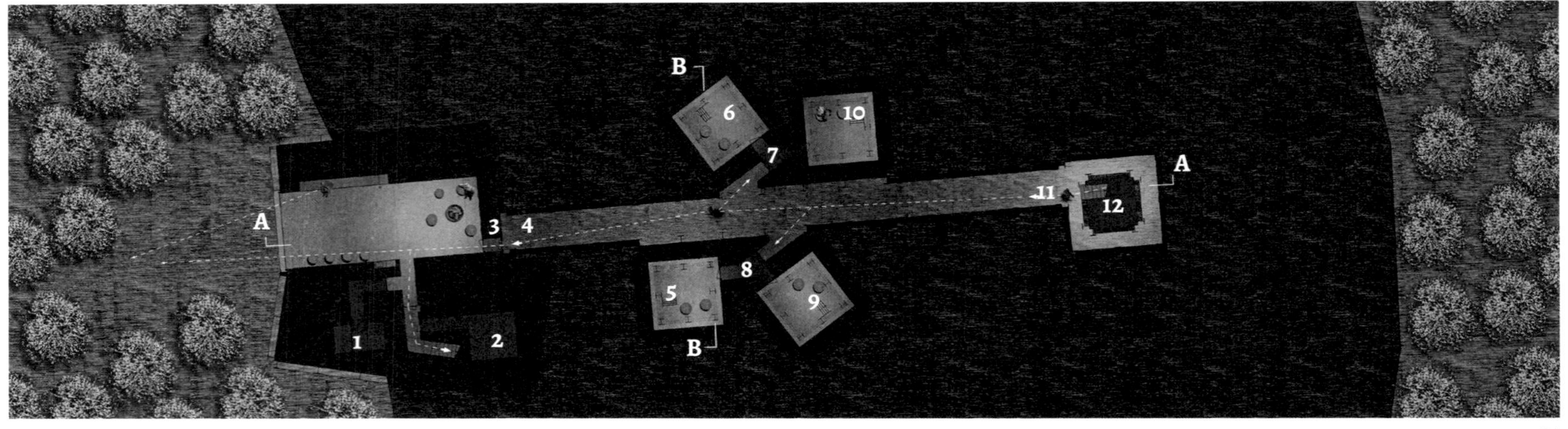

04

05

06

07

04 Plattegrond / Plan
A langsdoorsnede / longitudinal section
B dwarsdoorsnede / cross section

1 sanitair / sanitary facilities
2 techniek / plant
3 doortocht -6 m / passage -6 m
4 galerij -6 m / gallery -6 m
5 pijler 2 / pier 2
6 pijler 4 / pier 4
7 sluis -5,5 m / sluice gate -5.5 m
8 sluis -5,5 m / sluice gate -5.5 m
9 pijler 1 / pier 1
10 pijler 3 / pier 3
11 galerij -5 m / gallery -5 m
12 schacht -8 m / shaft -8 m

05 Langsdoorsnede van de maquette van het gebouw in terril Saint Antoine Escouffiaux – ervaringsparcours door de ondergrond / Longitudinal section model of the building in terril Saint Antoine Escouffiaux – a below-ground experiential route
1 doortocht op -6 m / passage at -6 m
2 lariks balken / larch timber beams 200 x 250 x 2000 mm
3 IPE 400 / IPE 400
4 galerij -5 m / gallery -5 m
5 schacht -8 m / shaft -8 m
6 HEB 360 / HEB 360

06 Daglicht aan de oppervlakte / Daylight at the surface
07 Dwarsdoorsnede van het gebouw in terril Saint Antoine Escouffiaux – leven in de schaduw / Cross section of the building in terril Saint Antoine Escouffiaux – life in the shadows

Giel Sengers

Een schuilplaats voor lange-afstandswandelaars

In 1878 kwam Vincent van Gogh op jonge leeftijd aan in de Borinage als predikant. Hij verloor er zichzelf maar begon hier aan zijn oeuvre als kunstenaar. In een brief aan zijn broer Theo omschrijft Vincent het uitzicht vanuit zijn kamer waarin de mijn Marcasse zich in het weerlicht voordoet als Noach's Ark. Vincent's leven in de Borinage en de fascinatie voor de louterende werking van dit gebied van mentale desolaatheid vormt de inspiratie voor mij als ontwerper.

Over de Waalse steenkoolbekkens liggen 1100 enorme bergen ontginningsafval verspreid over het landschap. Ze worden terril genoemd, vrij vertaald 'zieke grond'. Een lange afstandswandeling van 280km over terrilpad GR412 rijgt het Waals mijnverleden aan elkaar. De terrils zijn de enige fysieke nalatenschap van de mijnwerkers. Hun werk is immers in rook opgegaan. De terril representeert het leven uit de diepte en verbind ons met de geschiedenis.

Een deel van het terrilpad loopt over de bakermat van de industrie, de Borinage. In het hart van de streek, naast de mijn Marcasse beklimt de wandelaar de terril Saint Antoine Escouffiaux. Vanaf de top toont het uitzicht over tientallen terrils de impact van de mijnbouw op de streek. Op de top van deze terril daalt de wandelaar af de geschiedenis in.

Onder de grond ligt een schuilplaats voor lange-afstandswandelaars waarin de eigenheid van de streek wordt uitgedrukt in ruimte en atmosfeer om zo het ondergrondse leven van de mijnwerker weer te gegeven. Een sober programma biedt de wandelaar een rustpunt met eenvoudige sanitaire voorzieningen, de mogelijkheid om er een maaltijd te bereiden en om er te overnachten.

De contour van het gebouw wordt op diepte gebracht met een grondkerende constructie. Stalen H-profielen met een regelmatige tussenafstand worden in de bodem getrild. Naarmate de ontgraving vordert worden tussen de flenzen van de H-profielen houten balken aangebracht, waardoor de grondkerende constructie ontstaat. De contour van het gebouw vormt een mal. Daarin zijn volumes gebouwd in hout die contramallen vormen. De weggenomen grond wordt als beton vereeuwigd in ruimte. Als eerbetoon aan de mijnwerkers is daarna het werk van de architect in rook opgegaan.

Het restant vertelt de geschiedenis van de Borinage. Een gebouw met eenzelfde grimmigheid als de streek ligt ingebed in de top van de terril. Het vormt een parcours van uitzicht en inzicht, van afdalen en dwalen en het ervaren van diepte en wanhoop. Voor even ervaart de wandelaar van het terrilpad het leven van de mijnwerker.

A refuge for long-distance hikers

In 1878, the young Vincent van Gogh arrived in the Borinage mining region of Belgian Wallonia while doing self-appointed missionary work. He was adrift in himself but it was here that he began work as an artist. In a letter to his brother Theo, Vincent described the view from his room in which the Marcasse mine reminded him of Noah's Ark when lightning flashed. It is Vincent's life in the Borinage and my fascination with the chastening effect of this area of mental desolation that inspires me as a designer.

Scattered across the landscape of Wallonia's former coalfields are 1100 mountainous spoil tips known as terrils, literally 'sick ground'. A long-distance walk of 280 km along the GR412 terril path stitches the sites of Wallonia's coalmining past together. The terrils are the only physical heritage left to us by the coalminers. The products of their toil have literally gone up in smoke. The terrils represent life in the bowels of the earth and are a link with history.

Part of the terril path runs across the cradle of the Belgian mining industry, the Borinage. In the heart of the region, in view of the Marcasse mine, hikers climb the terril called Saint Antoine Escouffiaux.

The view from its summit of dozens of terrils reveals the impact of mining on the region. From here, hikers take a downward path into local history. Below ground is a refuge for long-distance hikers, where the essence of this region is expressed in space and atmosphere to illustrate the subterranean life of the mineworkers. A no-frills programme gives hikers an element of respite with basic sanitary facilities and the opportunity to prepare a meal and spend the night.

The building's contours are continued underground with an earth-retaining structure. Steel H-beams are driven into the ground at regular intervals. As excavating proceeds, timber struts are inserted between the flanges of the H-beams to produce the retaining structure. The building's contours take the form of a mould, in which timber volumes have been designed as countermoulds. The removed earth is immortalized spatially as concrete. After that, the architect's work is to go up in smoke, in homage to the mineworkers.

The remains relate the history of the Borinage. A building as grim as the region is embedded in the summit of the terril. It presents a route of outward views and inward understanding, of descending and roaming, of experiencing depth and despair. Hikers on the terril path briefly get a sense of how mineworkers lived.

Opleiding _ Place of education
AvB Arnhem
Studierichting _ Specialization
architectuur / *architecture*
Mentoren _ Tutors
Christian Kieckens, Annemariken Hilberink, Ralph Brodruck
Email adres _ Email address
gielsengers@me.com

Ivalo River Sandbanks_ *Het project presenteert een nieuwe architectonische typologie toegesneden op de condities in de uiterwaarden van de rivier de Ivalo in Finland. The project presents a new architectural typology tailored to conditions in the flood plains of the Ivalo River in Finland.*

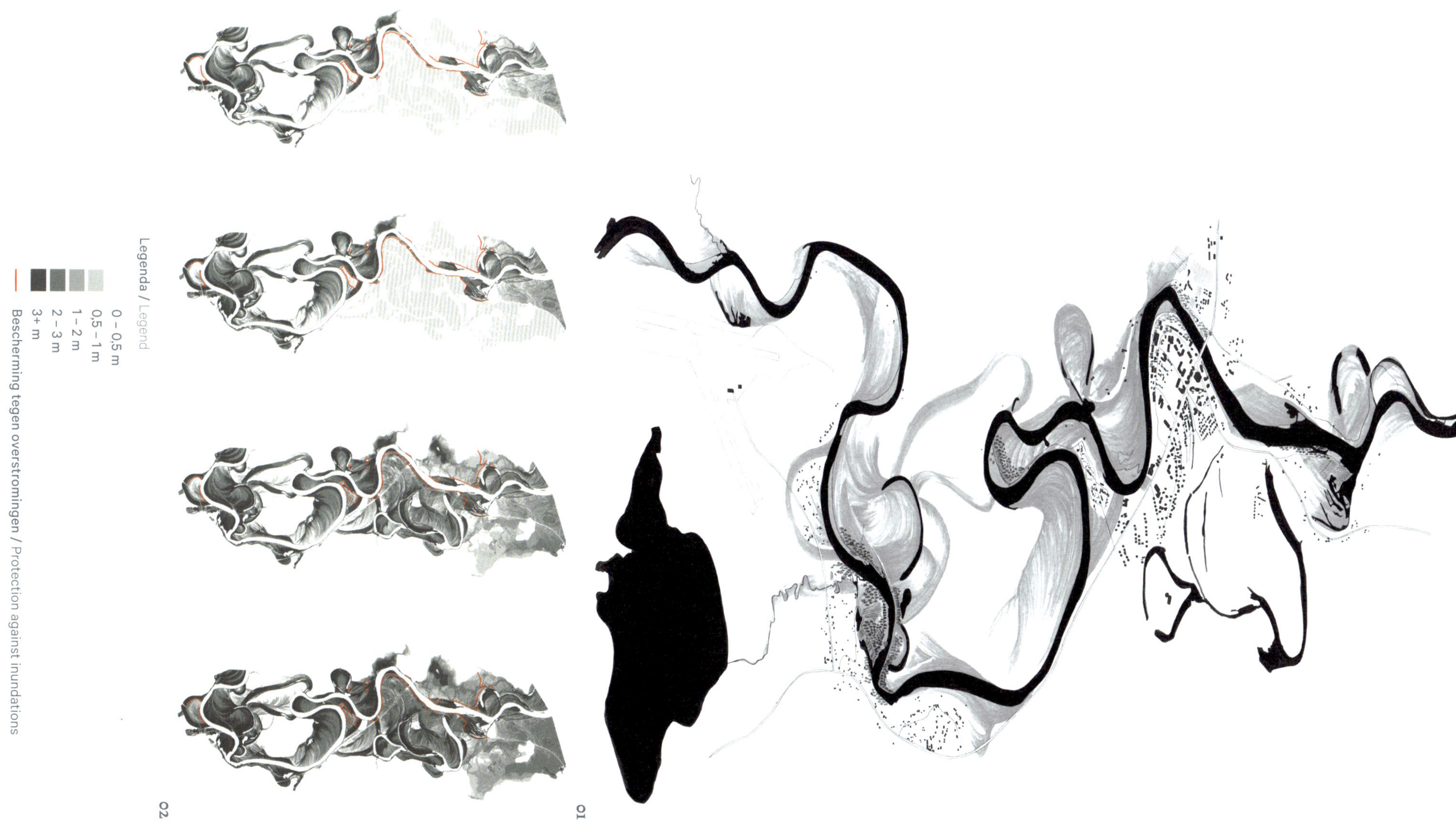

O1

O2

O1   **Kaart/** Map
O2   **Overstromingsrisico** / Risk of inundation
Eens in de / Once in the
5 – 50 – 100 – 250 – 500 jaar / years

Legenda / Legend

0 – 0,5 m
0,5 – 1 m
1 – 2 m
2 – 3 m
3+ m

Bescherming tegen overstromingen / Protection against inundations

Laura Langridge

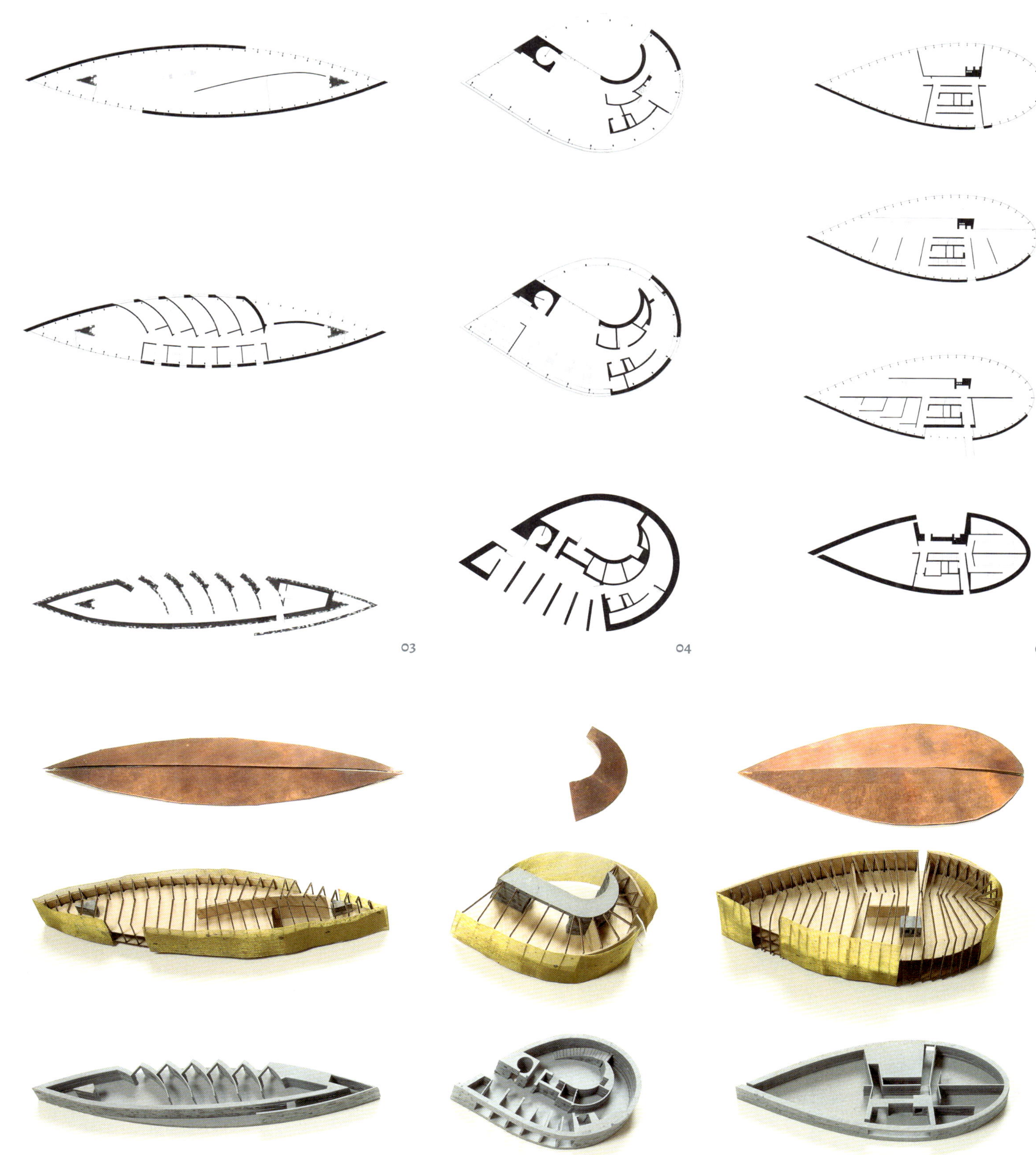

03   04   05

03   Hide-away / Hide-away _ **Gelegen op een smalle strandstrook biedt deze retraite onderdak aan kleine groepen jongeren voor buitensporten als roeien, vissen en skiën. /** Sited on a narrow strip of beach, this refuge can house small groups of young people for outdoor sports such as rowing, fishing and skiing _ **tweede verdieping: lounge, keuken en eetkamer /** second floor: lounge, kitchen and dining room _ **eerste verdieping: entree, garderobe, slaapkamers en lounge /** first floor: entrance hall, cloakroom, bedrooms and lounge _ **begane grond: boothuis en opslag /** ground floor: boathouse and storage

04   Shell / Shell _ **Grenzend aan akkers biedt het gebouw met een keuken en een kas de lokale bevolking en toeristen de mogelijkheid om te leren koken met streekproducten. /** Bordering on fields, this building with a kitchen and greenhouse gives the local population and tourists the opportunity to learn to prepare local cuisine. _ **tweede verdieping: kas/**

evenementruimte, appartement / second floor: greenhouse/event space, apartment _ **eerste verdieping: entree, keuken, eetruimte /** first floor: entrance hall, kitchen, dining area _ **begane grond: opslag, wasruimte, buitenruimte /** ground floor: storage, washroom, exterior courtyard

05   Flow / Flow _ **Een studio voor fysiotherapie en beweging in de buurt van het ziekenhuis en het bejaardenhuis promoot gezondheid en verbindt de gemeenschap weer met de rivieroever. /** Flow A studio for physiotherapy and movement near the hospital and retirement home promotes health and reunites the community with the river's edge. _ **derde verdieping: studios, lesruimte /** third floor: studios, classroom _ **tweede verdieping: onderzoeksruimte cardio en gewicht /** second floor: cardio and weight room _ **eerste verdieping: entree, kantoor, receptie, behandelkamers /** first floor: entrance, office, reception, treatment rooms _ **begane grond: studio, kleedkamers /** ground floor: studio space, changing rooms

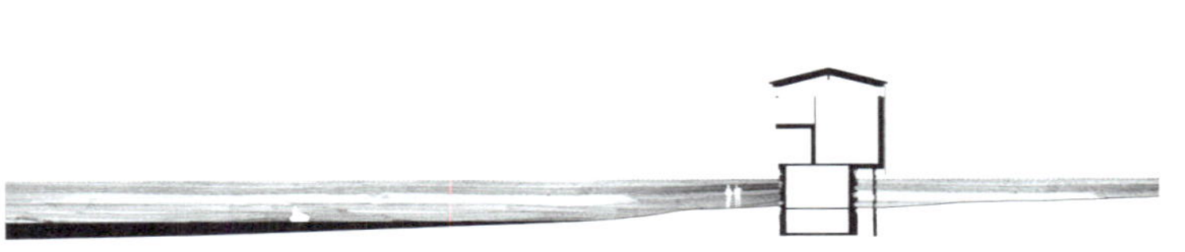

06   **Shell buitenruimte/** Shell exterior courtyard
07   **Hide Away doorsnede /** Hide Away section
08   **Shell isometrie /** Shell isometric
09   **Flow perspectief /** Flow perspective
10   **Hide Away interieur /** Hide Away interior
11   **Shell interieur /** Shell interior
12   **Flow interieur /** Flow interior

Laura Langridge

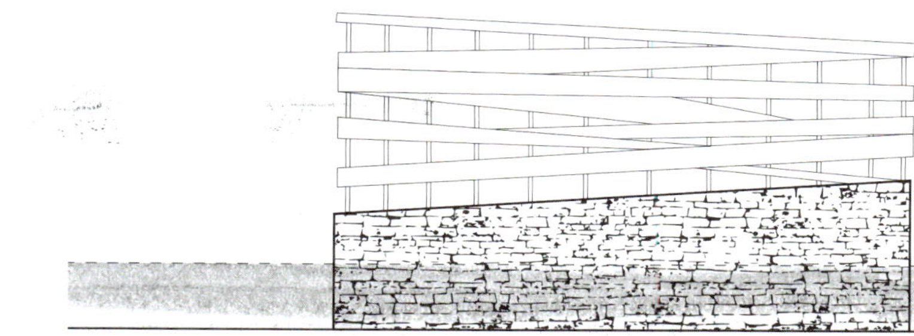

14

Het project presenteert een nieuwe architectonische typologie toegesneden op de condities in de uiterwaarden van de rivier de Ivalo in Finland.

Een fundament van beton en zware natuursteen weerstaat de krachten van het ijs en het water, terwijl de lichte houtconstructie daarbovenop de variaties in daglicht gefilterd doorgeeft aan het interieur en het verstrijken van de tijd voelbaar maakt door verwering en reparaties.

In de uiterwaarden van de Ivalo, 250 kilometer ten noorden van de poolcirkel, wordt de tijd gemarkeerd door een uniek ritueel van de seizoenen. Hier in het verre noorden verstrijken de zomer en de winter met extreme condities. De overgangen van de seizoenen brengen zowel schoonheid als een uitdaging. Voor de mensen die hier wonen zijn de rivier en de cultuur sterk verweven. Terwijl de rivier het dorp voedsel, recreatie- en transportmogelijkheden biedt vertegenwoordigt het ook een risico. De periodieke overstromingen bedreigen de waterkeringen en de huidige bouwwerken zijn slecht bestand tegen het water.

Een serie van kleine bouwwerken langs de uiterwaarden speelt in op de specifieke condities van elke afzonderlijke lokale. De robuuste architectuur is afgestemd op de eisen die het landschap en de lokale cultuur er aan stelt.

The project presents a new architectural typology tailored to conditions in the flood plains of the Ivalo River in Finland.

A heavy stone and concrete base withstands the forces of ice and water, while the light wood construction above it filters the variations in daylight into the interior, with the passage of time expressed in its weathering and repairs.

In the flood plains of the Ivalo, 250 kilometres above the Arctic Circle, time is marked by a unique ritual of the seasons. Here in the far north, summer and winter exhibit extremes in weather conditions. The march of the seasons brings both beauty and a challenge. River and culture are tightly interwoven for the people living here. While the river holds out the opportunities of food, recreation and transport for the village it also represents a risk. The periodic inundations threaten the flood embankments and the buildings are not constructed to withstand flooding.

A series of small buildings along the flood plains addresses the conditions specific to each location. The sturdy architecture is in step with the demands made of it by the landscape and local culture.

13

13 **Maquette detail gevel /** Model detail facade
14 **Hoogwater strategie /** High water strategy

Opleiding _ Place of education
TU-Delft
Studierichting _ Specialization
architectuur / *architecture*
Mentoren _ Tutors
Frits Palmboom, Taneha K. Bacchin, Jan van de Voort
Email adres _ Email address
laura.langridge@gmail.com

Design & Build: van landschap tot daklandschap / From Landscape to Roofscape_

Een multifunctioneel paviljoen voor openbaar gebruik in Oost Afrika. A multifunctional pavilion for public use in East Africa.

01   **Lokale kinderen die de bibliotheek bezoeken /** Local children visiting the library

Laura Strähle, Ellen Rouwendal

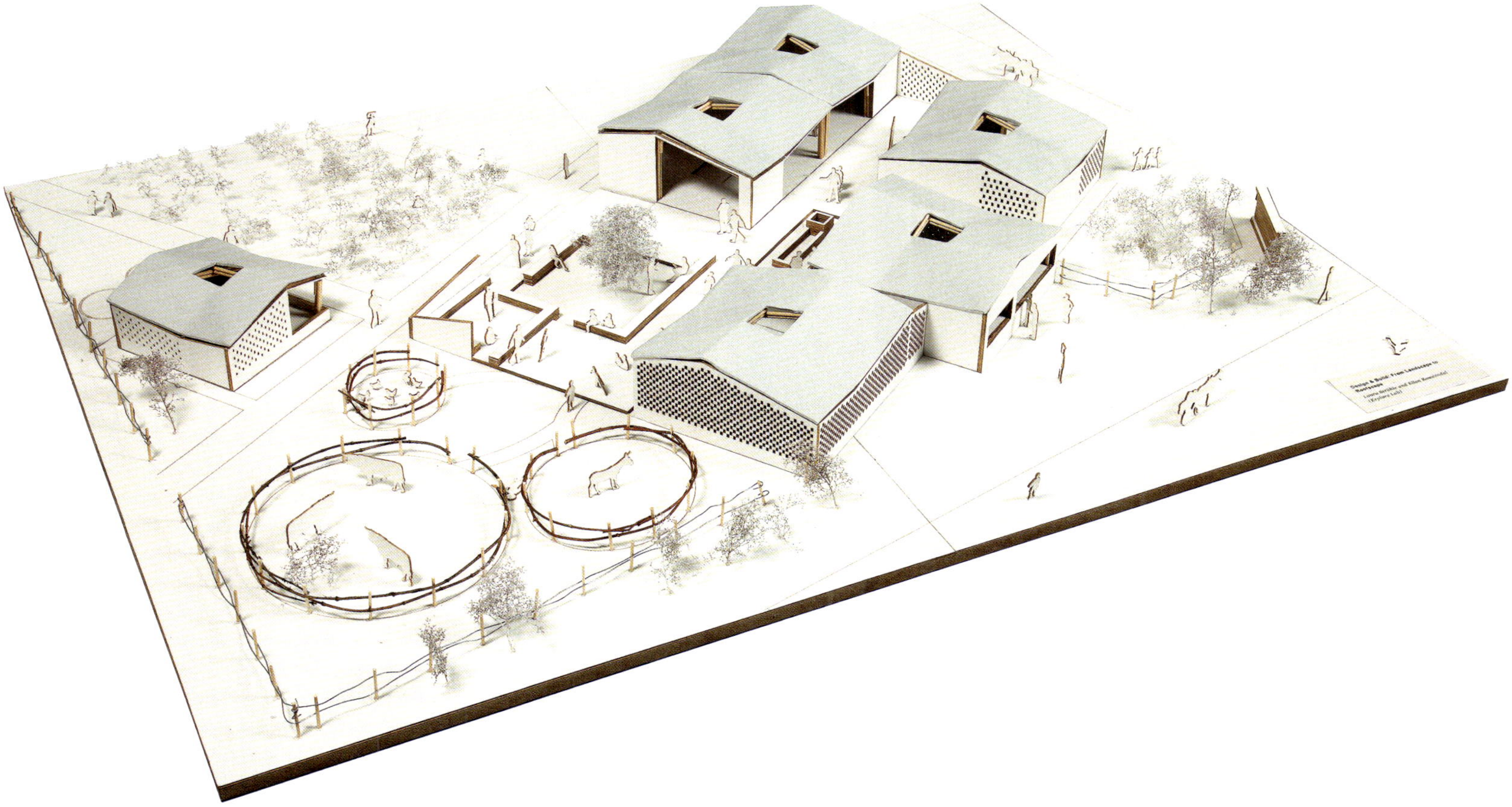

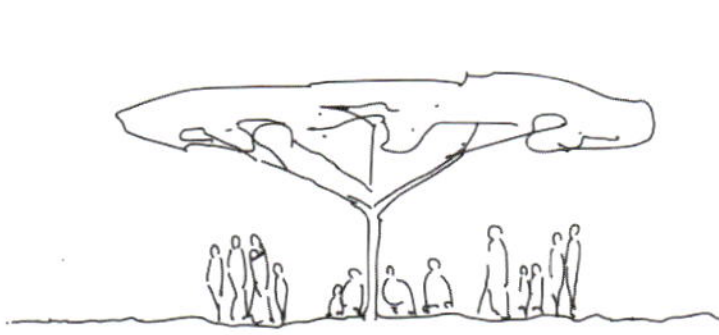

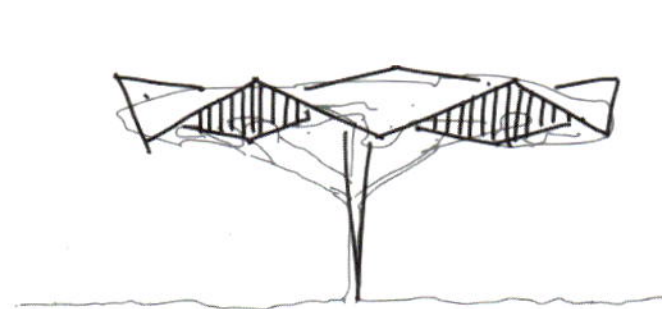

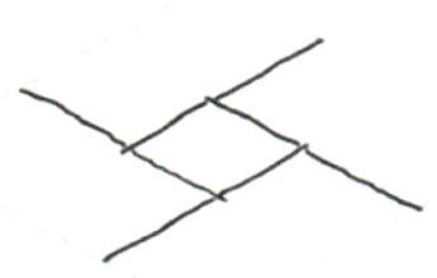
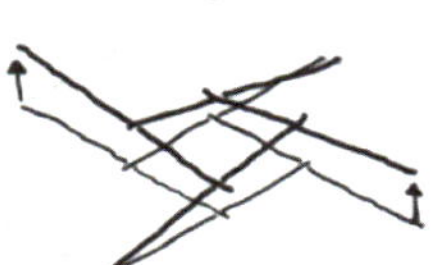
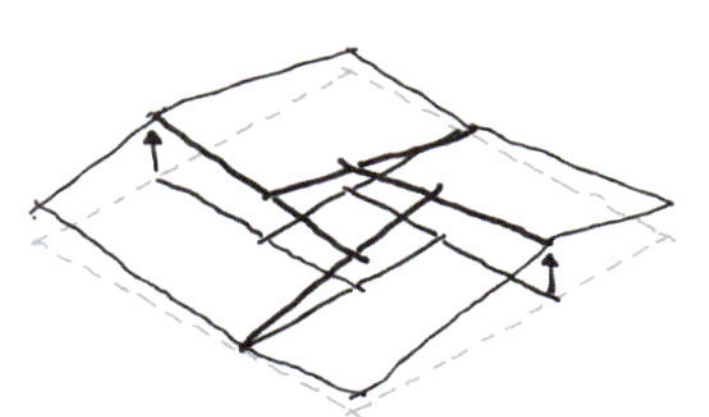
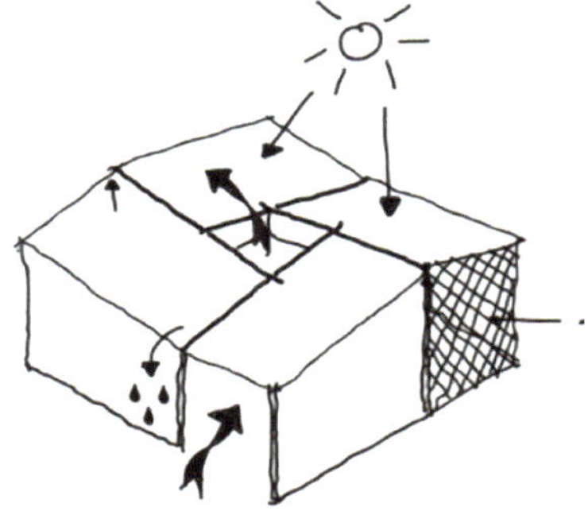

02 **Maquette /** Model
03 **Inspiratiebron: lokale Acacia boom waar mensen beschutting vinden tegen zon en regen /**
Source of inspiration: the local Acacia Tree where people find protection from sun and rain
04 **Innovatief constructie principe gemaakt met lokale bamboe /** Innovative construction
principle made with local bamboo

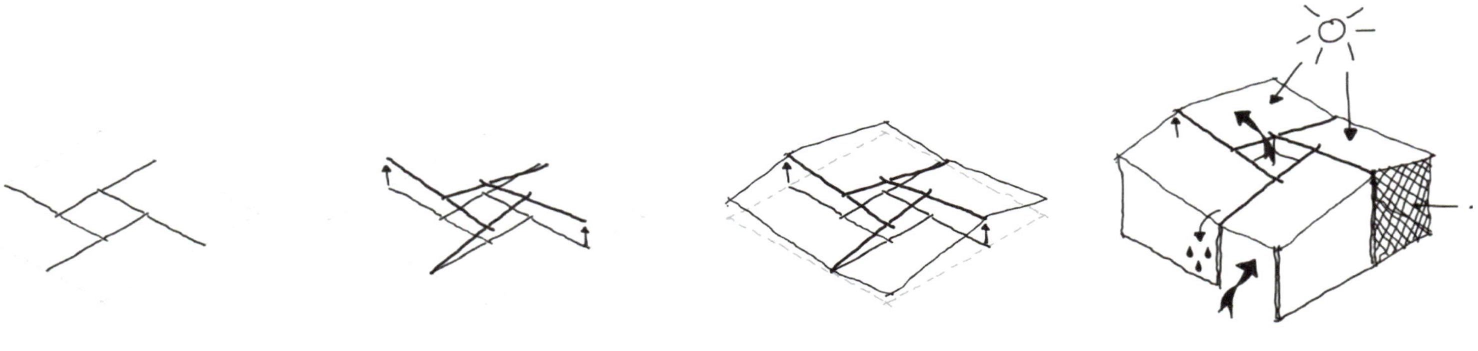

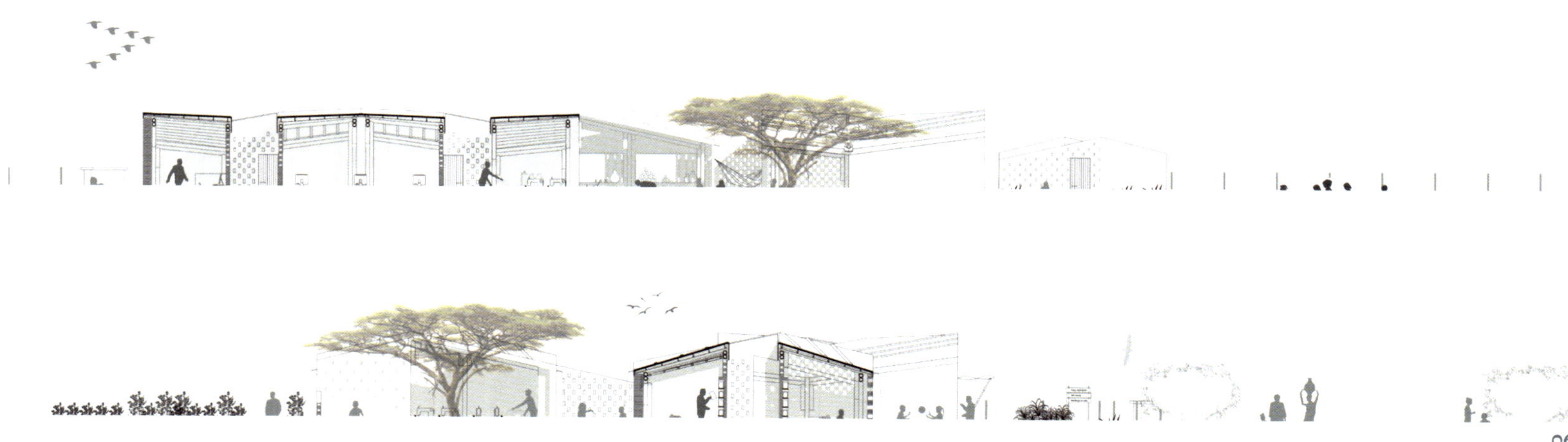

05 Plattegrond dorpshuis Okana bestaande uit 6 paviljoens /
Floor plan of Okana Community Centre consisting of six pavilions
_ 1 kwekerij voor de tuinbouw en bomen / plant nursery and trees, 2 schapen en geiten /
sheep and goats, 3 koeien / cattle, 4 kippen / poultry, 5 compost / compost, 6 biogas vergister /
biogas fermenter

Paviljoen A / Pavilion A
1 entrée / entrance, 2 bewaker / guard, 3 voorzitter / chairperson, 4 kantoor / office

Paviljoen B / Pavilion B
5 winkeltjes voor meubilair, kleding, fruit, groente, eieren, melk / shops selling furniture,
clothes, fruit, vegetables, eggs, milk, etc , 6 werkplaats / workplace, 7 ontmoetingsruimte /
meeting place

Paviljoen C bibliotheek / Pavilion C library
8 schoolboeken / school books, 9 ontspannings literatuur voor kinderen / children's light
reading, 10 informatie mbt bouwen / information on building, 11 werkplekken voor
kinderen / children's workplaces

Paviljoen D-E / Pavilion D-E
12 iCafe / iCafé, 13 computerruimte / computer room, 14 naaiatelier / sewing studio

Paviljoen F / Pavilion F
15 keuken / kitchen, 16 sanitair dames / ladies' washroom, 17 sanitair heren / men's
washroom, 18 berging / storage
19 drinkwaterbron en wasplaats / potable water and laundry

06 Doorsnede Dorpshuis Okana / Section of Okana Community Centre

Laura Strähle, Ellen Rouwendal

07

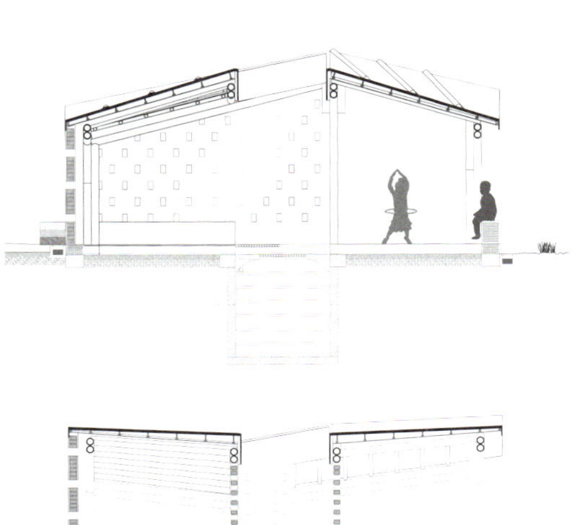

09

08

10

07 **Buitenruimte /** Community space
08 **Pilot paviljoen: de essentie van het ontwerp /** Pilot pavilion: the essence of the design
09 **Bibliotheek /** Library
10 **Dorpshuis /** Community Centre

11

12

11 **Entree van de bibliotheek** / Entrance to library
12 **ICT ruimte voor schoolklassen en trainingen /**
ICT room for school classes and training courses

Laura Strähle, Ellen Rouwendal

13

14

Het gaat een stap verder dan het theoretische niveau. Op deze manier wordt architectuur door studenten ingezet als middel om veranderingen te creëren en kennis te delen.
Het eerste project is gebouwd in Okana, een klein dorpje in West Kenia. Het fungeert als dorpshuis dat een bibliotheek, ICT faciliteiten en een naaiatelier huisvest. Dit project focust zich op het versterken van de dorpsgemeenschap door een leervriendelijke omgeving, werkgelegenheid en een ontmoetingsplek te bieden waar de inwoners de kans krijgen zich te ontplooien. Het dorpshuis is zelfvoorzienend. Inkomsten worden verkregen door de verkoop van diensten en producten die in de omgeving verbouwd en geproduceerd worden. Naast het ontwerpen van het community center maken aspecten zoals het opstellen van de kostenraming, de bouwplanning, een handboek, fondsenwerving en het leidinggeven op de bouwplaats deel uit van de uitdaging om te ontdekken wat de potentie is van een Design & Build aanpak op academisch niveau. De bouw van het project vond meteen na het afstuderen plaats. In vier maanden tijd is samen met lokale arbeiders en een internationale groep van vrijwilligers het ontwerp omgezet is een reëel gebouw: Pavilions for Okana.

A multifunctional pavilion for public use in East Africa.

From Landscape to Roofscape proposes using small-scale interventions to initiate positive developments in poor areas.
The design constructs a roofscape of pavilions for multifunctional public use in the rural areas around Lake Victoria. It applies sustainable and innovative solutions in the use of materials and responds to the climate. The project also locks into local socioeconomic problems. In using the construction principle of a reciprocal roof made from local bamboo, the design creates a pavilion of flexible structure. This can be adapted, clustered and copied in many ways depending on the context. A Design & Build Studio combines architectural theory with practical experience by physically constructing the developed design in a specific context. This hands-on experience is a golden opportunity for students to be part of a building project themselves and to think about how it should be done. It goes a step further than the theoretical level. In this way, students can use architecture as a means of effecting change and sharing knowledge.
The first project was built in Okana, a small village in Western Kenya. It serves as a community centre and includes a library, ICT facilities and a sewing studio. This project focuses on strengthening the sense of community in the village by offering a learning friendly environment, employment and a place to meet where the villagers have the opportunity to develop their potentials. The community centre is self-supporting, earning its income by selling services and products that have been locally cultivated and produced. Besides designing the community centre, there are other aspects involved – estimating costs, planning construction phases, compiling a manual, acquiring funds, acting as site manager – that are all part of the challenge of discovering the potential of the Design & Build approach at an academic level. The project was constructed immediately after its designers had graduated. In four months, these together with a local work force and an international group of volunteers had transformed the design into an actual building: Pavilions for Okana.

Een multifunctioneel paviljoen voor openbaar gebruik in Oost Afrika.

De ambitie is om door middel van kleinschalige interventies positieve ontwikkelingen in gang te zetten in arme gebieden.
Het ontwerp bestaat uit een daklandschap van paviljoens met een multifunctioneel publiek gebruik in de landelijke gebieden rondom het Victoriameer. Daarbij worden duurzame en innovatieve oplossingen op het gebied van materiaalgebruik toegepast en er wordt gereageerd op het klimaat. Bovendien sluit het project aan op de lokale sociaaleconomische problemen. Door het toepassen van de innovatieve zelfdragende dakstructuur, waarbij bamboe als bouwmateriaal wordt toegepast, ontstaat een paviljoen met een flexibele structuur. Afhankelijk van de context kan het op vele manieren aangepast, geclusterd en gekopieerd worden. Een Design & Build Studio verbindt architectuurtheorie met praktijkervaring door het ontwikkelde ontwerp daadwerkelijk te realiseren op een bepaalde locatie. Deze praktijkervaring is een buitengewone kans voor studenten om zelf deel te zijn van het bouwproject en na te denken over de uitvoering.

13 **Community center Okana vanuit straat perspectief /**
Okana Community Centre seen from the street
14 **Entree van het dorpshuis /** Entrance to Community Centre

Opleiding _ Place of education
TU-Delft
Studierichting _ Specialization
architectuur / *architecture*
Mentoren _ Tutors
Nelson Mota, Thijs Asselbergs, Marcel Bilow
Email adressen _ Email addresses
l_straehle@gmx.de, ellen_rouwendal@hotmail.com

Juryrapport / Jury report

Inzendvoorwaarden

De Nederlandse masteropleidingen met de afstudeerrichtingen architectuur, stedenbouw en landschapsarchitectuur selecteren jaarlijks hun beste afstudeerplannen en sturen die naar Archiprix. De opleidingen kiezen de plannen conform de inzendvoorwaarden en de selectiecriteria van Archiprix. De inzendvoorwaarden stellen een maximum aan het aantal in te zenden plannen, afhankelijk van de grootte van de betreffende opleiding. Voor Delft is het maximum 9, voor Amsterdam 4, Eindhoven 4, Rotterdam 3, Tilburg 2, Wageningen 2, Arnhem 1, Groningen 1 en Maastricht 1. Dit betekent een maximaal aantal van 27 plannen. Voor de Archiprix 2017 stuurden de opleidingen bij hoge uitzondering niet het maximale aantal plannen in, Tilburg stuurde één afstudeerplan in dat ontworpen werd door drie afstudeerders. Naast formele bepalingen bevatten de inzendvoorwaarden de inhoudelijke criteria die de basis vormen voor zowel de selectie van de plannen door de opleidingen als voor de jurybeoordeling. Verlangd wordt dat het ingezonden plan in ieder geval: een ontwerp of ruimtelijk plan als resultaat heeft; een expliciet geformuleerde probleemstelling als uitgangspunt heeft en een inhoudelijke verantwoording bevat van de wijze waarop het plan, uitgaande van de probleemstelling, tot stand is gekomen. Bij de beoordeling wordt gelet op de volgende elementen: de analyse van de opgave; de conceptuele kracht van het plan; de ruimtelijke kwaliteit van het ontwerp in combinatie met een zorgvuldige inzet van middelen; de verantwoording in beeld en geschrift en de samenhang tussen al deze elementen. Deze samenhang is van belang omdat de inzender daarmee aantoont het totale proces te beheersen waarbij het in de opgave gestelde probleem wordt vertaald naar een passende ruimtelijke oplossing.

Jurysamenstelling

Jaarlijks stelt het bestuur van Archiprix een andere, onafhankelijke jury van deskundigen samen. Omwille van de objectiviteit worden geen personen in de jury opgenomen die direct betrokken zijn geweest bij de totstandkoming van een inzending of die een directe relatie hebben met de ontwerper van een ingezonden plan. De jury heeft als taak om alle deelnemende plannen op hun eigen merites te beoordelen en elk afstudeerplan van een kort inhoudelijk commentaar te voorzien. Daarnaast moet de jury uit de inzendingen de beste plannen selecteren, waaronder ze het prijzengeld kan verdelen. De jury bestaat uit vijf personen. Vier deskundigen uit de deelnemende vakgebieden en een theoreticus. De samenstelling van de jury die de afstudeerplannen van de Archiprix 2017 beoordeelde is als volgt: **Andy van den Dobbelsteen** (theorie), **Karen de Groot** (landschapsarchitectuur), **Frank Havermans** (architectuur), **Caro van de Venne** (architectuur) en **Daan Zandbelt** (stedenbouw). De secretaris van de jury is Henk van der Veen van Archiprix.

Werkwijze

De jury beoordeelde de plannen op 2 en 9 maart 2017 in Delft. Voorafgaand aan de jurybeoordeling ontving de jury van elk plan een door de ontwerper opgestelde tekst met de essentie van zijn of haar plan. In de periode tussen de beide jurybijeenkomsten zijn de overige toelichtingen en documenten bij de plannen nader bestudeerd. De jury beoordeelde elk plan afzonderlijk op zijn kwaliteiten, uitgaande van de door Archiprix opgestelde criteria zoals die in de inzendvoorwaarden zijn weergegeven.

Statistiek

Van de 26 ingediende afstudeerplannen zijn er 22 met als afstudeerrichting architectuur, van 1 plan is de afstudeerrichting stedenbouw en 3 projecten zijn ontworpen door deelnemers die afstudeerden in de landschapsarchitectuur. Vijftien projecten hebben een buitenlandse locatie.

Conditions of entry

Each year the Dutch institutions offering Master's programmes in architecture, urban design and landscape architecture select their best graduation projects and submit them to Archiprix. The institutions make their selection in accordance with the conditions of entry and the selection criteria set down by Archiprix. The conditions of entry set a maximum to the number of submitted projects, proportionate to the size of each institution. So for Delft the maximum is 9, for Amsterdam 4, Eindhoven 4, Rotterdam 3, Tilburg 2, Wageningen 2, Arnhem 1, Groningen 1 and Maastricht 1, giving a total of 27 projects. Most unusually, not all the institutions submitted their maximum number to Archiprix 2017, Tilburg submitting one project designed by three graduates. Besides these formal regulations, the conditions of entry contain the criteria underlying both the selection of projects by the institutions and the adjudication. The quintessential requirements are: that the outcome of the entry is an architectural, urban or landscape design; that this has an explicitly stated issue or issues as its basic premise and that there is a detailed account of how, working from the above issues, the project was arrived at. When judging the projects the following elements are successively taken into account: the analysis of the brief; the project's conceptual strength; the spatial quality of the design together with a sensitive deployment of resources; an account of the project in words and images and the cohesion enjoyed by all these elements. This cohesion is of major importance as it serves to demonstrate the entrant's mastery of the entire process insofar as this translates the issue raised by the brief into an appropriate three-dimensional solution.

The jury

Each year Archiprix's executive board assembles a new independent jury of experts. In the interests of fairness, no persons directly connected with preparing a submitted project or directly related to a designer of such, may sit on the jury. The jury's task is to assess the projects on their own merits and briefly comment on the substance of each. In addition it has to select the best entries and divide the prize money among them accordingly. There are five members of the jury, four experts in the disciplines concerned and a theorist. The line-up of the jury that judged the graduation projects of Archiprix 2017 is as follows: **Andy van den Dobbelsteen** (theory), **Karen de Groot** (landscape architecture), **Frank Havermans** (architecture), **Caro van de Venne** (architecture) and **Daan Zandbelt** (urban design). Secretary to the jury is Henk van der Veen of Archiprix.

Adjudication

The entries were judged on March 2nd and 9th 2017 in Delft. Before those dates the jury received for each project a text composed by the designer giving the essence of his or her entry. The jury studied these explanatory notes and other documents in the period between the two judging sessions. It assessed each project individually in terms of its qualities, proceeding from the criteria established by Archiprix and stated in the conditions of entry.

Statistics

Of the 26 submitted projects 22 are by students graduating in architecture. One entry has urban design as the major subject and 3 have landscape architecture. Fifteen of the graduation projects are located abroad.

Algemene opmerkingen

De jury signaleerde een aantal meer algemene trends waarvan hieronder kort verslag wordt gedaan. Ze is gevraagd om vanuit haar positie in de beroepspraktijk te reflecteren op de selectie van de beste afstudeerplannen van het afgelopen onderwijsjaar. Deze notities zijn dan ook vooral bedoeld voor de opleidingen. Ze zijn te lezen als kritische opmerkingen met betrekking tot de staat van het onderwijs en de focus van de opleidingen. Maar er zitten ook gewoon trends tussen die opvallen zonder daar meteen een waardeoordeel aan te verbinden.

Richting onderwijs vraagt de jury zich af de afstudeerders wel voldoende uitgedaagd worden. Vaak blijkt uit de planpresentaties dat er een eindeloos dialoog is gevoerd. De afstudeerders blijven te lang in de fase van het inventariseren hangen zonder dat er hypotheses worden ontwikkeld en onderzocht of dat er sprake is van ontwerpend onderzoek. De afstudeerders lijken onvoldoende bij de essentie van hun plan te zijn gebleven. Ook lijken ze moeite te hebben om keuzes te maken. Uiteindelijk heeft dat ook tot gevolg dat veel presentaties te weinig focus hebben en het project lastig te begrijpen is voor derden.

In het verlengde daarvan stelt de jury vast dat er veel relatief brave, traditionele plannen zijn, plannen die in het verleden wellicht origineel zouden zijn geweest, maar nu niet meer. De vernieuwing blijft daarmee onderbelicht. Lef om dingen aan te pakken die nog niemand heeft gedaan en daarmee het vakgebied verder brengen gebeurt sporadisch, dat zouden de opleidingen meer moeten stimuleren.

Het lijkt de jury belangrijk dat er meer aandacht besteed wordt aan de vraag hoe je de complexiteit van een afstudeerplan goed voor het voetlicht brengt. Over de hele linie is dat problematisch, terwijl het wel een vaardigheid is die in de praktijk noodzakelijk is. Het is daarom belangrijk dat opleidingen dat aanleren.

Er is sprake van veel maatschappelijk relevante opgaven. De jury ziet ook veel woningbouwplannen, dat is prima! Helaas strandt een aantal plannen halverwege de rit of missen ze hun punt. Relatief veel goede analyses, maar vaak mist de aansluiting op de uitwerking en blijft de kwaliteit van het ruimtelijk ontwerp achter. Meer energie in het ontwerp, toch de essentie van het vak, zou goed zijn.

Hergebruik is sterk aanwezig, duurzaamheid en klimaatadaptatie zijn onderbelicht in de plannen. Er ligt op dat terrein wel een grote opgave die op korte termijn om een fundamentele aanpak vraagt. Het zou goed zijn als de toolbox van de architect gevuld wordt met de juiste middelen. Daar zou het onderwijs een belangrijke rol in moeten spelen. Dat begint wel door te dringen maar is hier in de toplaag van afstudeerplannen nog niet voldoende zichtbaar.

Dat er slechts één stedenbouwkundig afstudeerplan is ingezonden is regelrecht zorgwekkend.

Interdisciplinair en multidisciplinair werken ontbreken goeddeels, evenals interactie met derden. Dat hangt wellicht samen met het feit dat bij het afstuderen de individuele prestatie moet worden gewaardeerd. Omdat een afstudeerder eenmaal werkzaam in de praktijk toch ook een teamplayer moet zijn wil de jury deze discrepantie niet onbesproken laten.

De jury zag opvallend veel 'zware' melancholische plannen. Op zich is daar niets mis mee, maar daardoor springt een enkel fris en vrolijk plan als de steenfabriek eruit. We zouden anders bijna vergeten dat architectuur ook leuk kan zijn!

De aanwezigheid van een groot aantal maquettes wordt als positief ervaren. Naast alle andere presentatiemiddelen is de maquette essentieel omdat het in hoge mate het concept verbindt aan de derde dimensie en aan de materialiteit. Een maquette communiceert de ruimtelijke kwaliteiten van een ontwerp goed en direct, dat helpt niet allen de jury bij de beoordeling, het is bijzonder plezierig voor belangstellenden om snel inzicht in een ontwerp te krijgen.

General remarks

The jury identified a number of more general trends outlined below. It was asked to reflect, from its position in professional practice, on the selection of the best graduation projects of the past academic year. These reflections are therefore in the first instance intended for the architecture schools and faculties, and can be read as critical remarks about the focus of those institutions and the state of education there. But there are also trends among the entries that stand out without immediately requiring a value judgement.

Addressing the institutions, the jury wonders whether the graduates are being sufficiently challenged. Often, the project presentations seem to have something of an endless dialogue. The graduates tend to get stuck too long at the stocktaking stage without developing and researching hypotheses or that there is evidence of research by design. They seem to have strayed from the essence of their project. They also seem to have had difficulty making choices. One result of this is that many presentations ultimately lack sufficient focus, making the project difficult for others to grasp.

Following on from this, the jury ascertains that many of the projects are relatively tame and traditional. These may well have been original in the past but not anymore. The innovation aspect suffers as a result. The courage to tackle things that have not been done before and would carry the profession further is sporadic at best. This is something the institutions should stimulate more.

The jury feels that it is important to devote more attention to the question of how to better bring out the complexity of a graduation project. This is a problem across the board, even though it is an essential skill in professional practice. This is something else the institutions should work on.

Many of the briefs have a social relevance. There are many housing projects, and the jury is happy with that. Regrettably, a number of projects get unstuck halfway or fail to make their point. There are relatively many good analyses but these often miss the connection with the design's development and so its spatial qualities lag behind. More energy needs investing in the design, which after all is what the profession is all about.

If reuse is heavily present in the projects, sustainability and climate adaptation are largely ignored. These aspects constitute a major design brief that requires tackling promptly and comprehensively. It would be a good thing if the architect's toolbox were filled with the right tools. The institutions should be seeing to that. It is beginning to make some headway but is not sufficiently conspicuous in this top layer of graduation projects.

That just one urban design graduation project was submitted is little short of alarming.

Interdisciplinary and multidisciplinary works are largely absent, as is interaction with those outside the field. This may relate to the fact that it is individual achievement that is being evaluated when graduating. The jury feels obliged to mention this discrepancy since graduates clearly have to be team players in the world of practice.

The jury saw a remarkable number of downbeat, melancholy projects. There is nothing wrong with this in principle, but it does mean that an upbeat project like the brickworks leaps out of the pack. We might otherwise forget that architecture can be fun!

The jury regards the great many models as a positive aspect. Models are essential, as are all other means of presentation, in that they do much to tie the concept to the third dimension and to the material form. A model communicates the design's spatial qualities effectively and immediately, something that not only helps the jury in its assessment but also is greatly appreciated by interested parties in that it gives them immediate insight into the design in question.

Prijzen en vermeldingen / Prizes and mentions

De jury kent een eerste prijs en drie eervolle vermeldingen toe.
The jury has awarded a first prize and three honourable mentions.

Eerste prijs / First prize

Design & Build: From Landscape to Roofscape,

ontworpen door / designed by: Laura Strähle en Ellen Rouwendal,
TU Delft (architectuur / architecture)

Met de ambitie om positieve ontwikkelingen in gang te zetten in arme gebieden worden kleinschalige interventies ontworpen en uiteindelijk ook gebouwd in Okana in Kenia. Het uitgekiende ontwerp bestaat uit een zelfdragende dakstructuur die op vele manieren geclusterd en ingevuld kan worden. De architectuur ademt een aangename sfeer. Het gedegen onderzoek sluit overtuigend aan op het ontwerp. Het plan is tegelijkertijd spectaculair, relevant en bescheiden. Het bewijst dat met dienende architectuur een groot verschil gemaakt kan worden, de ontwerpsters slagen daarmee op overtuigende wijze in het realiseren van hun ambitie.

This project proposes using small-scale interventions, designed for and ultimately built in Okana in Kenya, to initiate positive developments in poor areas. The ingenious design constructs a self-bearing roof structure that can be variously clustered and filled in. There is an agreeable ambience to the architecture. The well-grounded study accords well with the design. The project is at once spectacular, relevant and self-effacing. It proves that servant architecture can make a big difference, and as a result its designers have succeeded convincingly in realizing their ambition.

Eervolle vermeldingen / Honourable mentions

A home for the displaced,

ontworpen door / designed by: Anneloes de Koff
TU Delft (architectuur / architecture)

Het plan kent een integrale aanpak van gebruikersonderzoek tot en met de detaillering en het energieconcept. Het ontwerp voorziet in een modulair bouwsysteem dat wordt ingezet voor de huisvesting van asielzoekers in de Van Gendthallen in Amsterdam. Het systeem levert een relevante bijdrage aan de oplossing van het actuele vraagstuk. De inrichting van de hallen is zodanig ontworpen dat een gevarieerde, levendige gemeenschap ontstaat voor verschillende groepen asielzoekers.

This project takes an integrated approach, from user study to detailing and energy. The design presents a modular construction system used to house asylum seekers in the Van Gendt factory sheds in Amsterdam. The system makes a relevant contribution to resolving this pressing issue. The sheds are fitted out so as to encourage a varied, vibrant community for different groups of asylum seekers.

Hommage au Borinage,

ontworpen door / designed by: Giel Sengers,
AvB Arnhem (architectuur / architecture)

In een persoonlijke zoektocht ontwikkelt de ontwerper een schuilplaats voor langeafstandswandelaars in een van de 1100 terrils (bergen van mijnafval) langs de 220 kilometer lange wandelroute door de Borinage in België. De sfeer van de mijn en de grimmigheid van de streek is voelbaar gemaakt in het onderkomen. Het mysterie van het landschap is goed getroffen.

On a personal quest, the designer has developed a shelter for long-distance hikers in one of the 1100 terrils (mountains of mining spoil) along the 220-kilometre-long walking route through the Borinage region in Belgium. The atmosphere of the mine and the grim nature of the region have been made palpable in the shelter. The mystery of the landscape has been captured perfectly.

Ivalo River Sandbanks,

ontworpen door / designed by: Laura Langridge,
TU Delft (architectuur / architecture)

Het afstudeerplan presenteert een drietal gebouwen in de uiterwaarden van de Ivalo-rivier in het noorden van Finland. Het ontwerp concentreert zich op het maken van gebouwen in relatie tot de natuur, waar wandelaars tijdelijk kunnen verblijven. Die architectonische opgave wordt prachtig uitgewerkt, met passend gebruik van robuuste materialen.

This graduation project presents a trio of buildings in the flood plains of the Ivalo River in the north of Finland. The design focuses primarily on constructing buildings in relation to nature where hikers can stay for short periods. The architectural brief is worked up wonderfully well with the appropriate use of sturdy materials.

010 **Het huis van de Stad/**
House of the City
Ramon Scharff, AvB Amsterdam (architectuur / architecture)

Het basisidee van dit afstudeerplan is ijzersterk. De ontwerper wil
het Paleis op de Dam weer onderdeel maken van de stad door er een
heel scala aan stedelijke functies in te huisvesten. De schitterend
gepresenteerde analyse waarin tot in detail wordt uitgezocht welke
functies in het Paleis zouden passen maakt op overtuigende wijze
de potentie van het idee duidelijk. Het weinig gebruikte Paleis krijgt
in het plan een interessante mix aan functies. Van een voedselbank
en een woning voor de koning tot een kinderopvang en museum
dat de nachtwacht op zijn oorspronkelijke plek presenteert.
Het plan is in programmatische zin sterk. Het lijkt alsof de ontwerper
tijdens zijn uitgebreide analyse zo is gaan houden van het bestaande
gebouw dat hij in de uitwerking te voorzichtig is geworden waardoor
het ontwerp helaas weinig trefzeker is, onder meer door de weinig
originele materiaalkeuze en de oppervlakkige, flashy aankleding.

The idea underlying this architectural project is a very strong one. Its
designer seeks to make the Royal Palace on Dam Square part of the city
again by housing a wide range of urban functions in it. The magnificently
presented analysis, which goes to great lengths to discover which
functions would belong there, convincingly demonstrates the potential
of this idea. Scarcely used these days, the palace is given a fascinating
mix of duties, from a food bank and a King's residence to a child day care
centre and a museum exhibiting The Night Watch in its original place.
In terms of its programme, the project holds together very well.
However, it is almost as if the designer has become so taken with
the existing building during his exhaustive analysis that he has
held back during its development so that regrettably the design
largely misses the mark, not least through the none too original
choice of materials and the superficial, flashy cladding.

013 **All for one, or one for all?**
Shea McGibbon, TU Delft (architectuur / architecture)

Dit afstudeerplan onderzoekt de verdichtingsmogelijkheden van een
bestaande woonwijk. De vraag is op welke wijze de dichtheid ten minste
verdubbeld zou kunnen worden. De afstudeerder stelt daarmee een
relevante opgave aan de orde. De vraag naar woningen in de bestaande
stad is groot, een onderzoek naar bruikbare verdichtingsstrategieën
kan een waardevolle bijdrage leveren aan de praktijk.
Als locatie wordt gekozen voor een woningbouwstrook op Kattenburg
in Amsterdam. Er worden verschillende strategieën ingezet om de
wijk te verdichten. Standaard wordt elk blok voorzien van een extra
verdieping. Als die licht wordt uitgevoerd kan die zonder extra
constructieve maatregelen toegevoegd worden. Daarnaast worden
op andere plekken meerdere verdiepingen toegevoegd op een eigen
fundering. Ten slotte wordt hoogbouw geïntroduceerd om de vereiste
dichtheid te halen. Het ontwerp is erop gericht om een nieuwe eenheid
te creëren, in beeld en ook functioneel. Daartoe wordt het gevelbeeld
van de bestaande bouw en de nieuwe toevoegingen geharmoniseerd en
worden nieuwe functies geïntroduceerd die de sociale cohesie moeten
bevorderen. Al met al een sympathiek plan dat voor de verdichting
van deze locatie goede oplossingen aandraagt. De algemeen
gestelde probleemstelling hoe bestaande wijken verdicht kunnen
worden wordt met dit plan voor een specifieke locatie niet voldoende
beantwoord. Er ontbreekt een duidelijke conclusie die de verschillende
verdichtingsstrategieën die toegepast zijn een algemene geldigheid
geven. Ook blijft onduidelijk of er wel adequaat op de context waarmee
dit soort operaties te maken hebben wordt gereageerd. Zo wordt

niet ingegaan op de mogelijke rol van de woningcorporatie, vaak de
eigenaar van dergelijke woningbouw.
This graduation project explores the possibilities of increasing
the density of an existing neighbourhood. The question is
how to make that density at least double what it is now. This
sees the graduate addressing a relevant task. There is a huge
demand for homes in today's city and a study into suitable
densification strategies can contribute much to meeting it.
The chosen location is a row of housing in Kattenburg in Amsterdam.
Various strategies are employed to achieve the added density. Each
block is routinely provided with an additional storey. If this is made
light enough it can be added without taking any extra constructional
measures. There are also places where more than one storey can be
added with an exoskeleton for support. Lastly, high rise was been
introduced so as to achieve the required density. The design is targeted
at creating a new unity, visually as well as functionally. To this end,
the frontage of the existing fabric and that of the new additions are
harmonized, with new functions introduced to advance the social
cohesion. Altogether, it is a sympathetic project that introduces worthy
solutions for densifying this location. However, its choice of a single
location means that it fails to adequately answer the generally posited
objective of increasing the density of existing neighbourhoods. It
lacks a clear conclusion that would lend the different densification
strategies applied a general validity. It is also unclear whether the
project responds adequately to the context in which such operations
are conducted. For example, there is no discussion of the possible role
played by the housing corporation, often the owner of such housing.

016 **Responsive land**
Sander Hermens, WUR (landschapsarchitectuur /
landscape architecture)

Het landschapsarchitectonisch ontwerp heeft de ambitie de schoonheid
van het cultuurlandschap in de Krimpenerwaard te bewaren. Het
karakteristieke veenweidegebied zakt door inklinking van de bodem
langzaam maar zeker weg, zonder maatregelen is het gedoemd te
verdwijnen. Dankzij het op internet beschikbare afstudeerrapport wordt
duidelijk dat de achtergronden van de relevante opgave diepgaand
zijn onderzocht. Er wordt een effectief systeem ontwikkeld dat de
bodemdaling stopt. Daartoe wordt het hele veenweidegebied voorzien
van onderwaterdrains en wordt er een bergboezem aangelegd waarin
water wordt opgeslagen. De drains dienen zowel voor de aanvoer van
water uit de bergboezem in tijden van droogte als voor de afvoer van
water in natte tijden. In het heldere ontwerp wordt de bergboezem
uitgevoerd als natuurgebied, de drains worden onzichtbaar weggewerkt
in de bodem van het weidegebied. Het ontwerp presenteert hiermee
in één groot gebaar een overtuigende en realistische renovatie van
het landschap. In technische zin is het een voorbeeldig plan voor
de vakwereld, maar het weet niet te verleiden. Met het ontwerp van
de bergboezem die een natuurlijk karakter krijgt wordt beoogd de
toeristische potentie van de Krimpenerwaard te verhogen. Die gedachte
is te verdedigen, ondanks het feit dat de ambitie van het plan ligt
bij het kunnen ervaren van de kwaliteiten van het veenweidegebied.
Om die reden was het interessant geweest om te onderzoeken
of met de renovatie ook een verbetering van de kwaliteit van het
veenweidegebied gerealiseerd kan worden, bijvoorbeeld door er een
palet aan bedrijfsstijlen en recreatiemogelijkheden in op te nemen.

This design seeks to preserve the beauty of the cultural landscape in
Krimpenerwaard. The characteristic peat meadowlands are gradually
subsiding as a result of soil settlement and will disappear completely if
nothing is done. It is clear from the graduation report available on the
internet that the factors behind this relevant brief have been thoroughly
researched. The project develops an effective system that can stop

the soil subsidence. This entails providing the entire peatlands with submerged drains and a 'boezem reservoir'. The drains are used to bring in water from the reservoir in times of drought and discharge it in wet periods. In the easy-to-read design the reservoir takes the form of a nature reserve, with the drainage hidden away in the soils of the peatlands. In one sweep, the design restores the landscape in a convincing and realistic way. In technological terms this is an exemplary project for the profession, but more generally it has little appeal. The 'natural' design of the boezem reservoir is intended to heighten the tourist potential of Krimpenerwaard. This is a defensible notion, despite the fact that the project's intentions are to enhance the qualities of the peatlands. For this reason, it would have been interesting to examine whether the landscape renovation could be accompanied by an increase in the quality of the peat meadowlands, say by incorporating a range of farming styles and recreational possibilities.

019 Marcy Houses: Een case-study naar sociale woningbouw in New York City / A Case Study of Social Housing in New York City

Hans Maarten Wikkerink, AvB Amsterdam
(architectuur/ architecture)

Met een slimme, heldere strategie gaat het plan de problematiek van de sociale woningbouw in New York te lijf. De grootschalige woningbouwcomplexen waar de armste bewoners van de stad gehuisvest zijn vormen gesegregeerde enclaves met alle problemen van dien. Dit afstudeerplan past twee radicale strategieën toe op een bestaand complex, de Marcy Houses, in Brooklyn. In de eerste plaats wordt er verdicht. Daarbij wordt niet gesloopt, alleen bijgebouwd. Ten tweede wordt het isolement van het complex verminderd door de orthogonale stedenbouwkundige structuur van de stad door te zetten door het complex. Momenteel lopen de doorgaande verbindingen om het complex heen. Op het eerste gezicht lost het heldere plan veel op. Door de verdichting waarbij onder meer marktconforme appartementen worden toegevoegd evenals commerciële ruimten, wordt de diversiteit effectief vergroot. Door de stedenbouwkundige ingreep wordt het complex onderdeel van de stad. Het plan is goed ontworpen in de zin dat de architectuur van de nieuwbouw goed aansluit op het bestaande complex, wat een eenduidige klassieke sfeer oproept. Bij nadere beschouwing blijkt dat er zich binnen het plan heftige confrontaties tussen nieuw en oud voordoen en dat de plattegronden niet overal even sterk zijn. De kracht van het plan is vooral dat het de consequenties van de strategie duidelijk maakt. Als eerste stap is het daarom uiterst waardevol. Om tot een overtuigende oplossing te komen moet het concept nog verder doorontwikkeld worden.

Armed with a smart, clear-cut strategy, this graduation project addresses the challenges of New York's social housing. The massive complexes housing the city's poorest inhabitants are segregated enclaves, with all the problems these entail. The project applies two radical strategies to an existing complex, Marcy Houses, in Brooklyn. The first is densification. This is done not by demolishing buildings but by adding to them. Secondly, the complex's isolation is lessened by extending the city's orthogonal urban structure through the complex instead of bypassing it as it does at present. At first sight, the lucid project solves many of the problems. By densifying the complex with the likes of market-rate apartments as well as commercial spaces,

its diversity is effectively increased. The urban intervention is to make the complex part of the city. Well designed in the sense that the architecture of the new build weds well with that of the existing complex, the project evokes a straightforward classical ambience. However, a closer look reveals violent confrontations between new and old and an unevenness of quality among its floor plans. The project's great strength is that it makes clear the consequences of the strategy. This makes it extremely valuable as an initial step. But the concept would need developing further to arrive at a convincing solution.

022 Drawing on spatial and social experience

Moniek Kamphuis, TU Eindhoven (architectuur/ architecture)

De opgave bestaat uit het ontwerpen van een nieuw gebouw voor de architectuuropleiding in Mendrisio in Zwitserland. De ontwerpster streeft ernaar met het gebouw de empathische waarde van architectuur voor de mens aan te tonen. Aan de basis van het ontwerp staat het architectuuronderwijs. Ze doet een onderzoek naar ruimte, licht, plattegronden etc. Het onderzoek is gedegen maar levert geen vernieuwende inzichten op. De analyse van het werk van de Zwitserse architect Roger Boltshauser vormt het uitgangspunt voor het ontwerp dat daar overigens geen nieuwe dimensie aan weet toe te voegen. Het ambachtelijke ontwerp is goed doorwerkt en er wordt mooi gespeeld met materialen, het mist echter de spanning en de vernieuwing die nodig was geweest om het gestelde doel te bereiken.

The brief is to design a new building for the architecture school in Mendrisio in Switzerland. Its designer seeks to demonstrate with this building the empathetic value of architecture, in this case for architectural education. Her study into space, light, floor plans and the like is well considered but fails to elicit any innovative insights. The design steps off from an analysis of the work of the Swiss architect Roger Boltshauser, although this analysis fails to add anything new to its subject. The skilfully crafted design is well thought through and the game it plays with materials is admirable but it lacks the sparkle and the degree of innovation necessary to achieve the set target.

025 Foreshore

Sidney van Well, Niek van de Calseijde, Nicky Kouwenberg
AAS Tilburg (architectuur/ architecture)

Met het toerisme als de belangrijkste motor streeft dit plan naar een dynamische ontwikkeling van de Nederlandse Noordzeekust. De opgave is relevant. Het plan presenteert geen eindbeeld maar heeft de vorm van een ontwerpend onderzoek en omschrijft de ruimtelijke ambities van de kustzone. In een drietal pilots worden verschillende strategieën verkend die alle zowel de gebruikspotentie van de locatie als de natuur beogen te ontwikkelen. Het basisidee is intrigerend. Het sluit aan bij de filosofie van building with nature, waarbij in dit geval eigenlijk alles als natuurontwikkeling opgevat lijkt te worden. De presentatie van de pilot van de munitieverwijderingsfabriek bij Callantsoog is vrij ondoorgrondelijk in zijn bedoelingen. De botanische duinen worden met een fascinerend beeld gepresenteerd maar de vraag blijft wat het is en wat het oplevert. Op een belangrijk thema voor de kust, de zeespiegelstijging wordt ten onrechte niet ingegaan. Het is jammer dat de presentatie enorm veel ongestructureerde informatie presenteert waardoor ze te ondoorzichtig blijft om de intrigerende ideeën op hun waarde te kunnen schatten.
With tourism as its key motive force, this project aspires to give a dynamic thrust to the Dutch coast along the North Sea. The brief is relevant.

Rather than presenting a final outcome, the project takes the form of a research by design study and describes the spatial ambitions of the coastal zone. Three pilots are used to sound out different strategies that seek to develop the use potential of the location as well as the local nature. The underlying idea is intriguing. It accords with the philosophy of building with nature, although in this case just about everything seems to fall under nature development. The presentation of the pilot for the ammunition disposal centre at Callantsoog is fairly impenetrable in its intentions. The botanical dune is presented in fascinating imagery but this says nothing about what it is and what it does. Although a key theme in coastal development, the rising sea level is unjustifiably left to one side. It is regrettable that the presentation contains a vast quantity of unstructured information and is therefore too opaque to allow any assessment of the intriguing ideas on their own merit.

028 Cooperative Commons

Valentina Bençic, Yoana Yordanova, TU Delft
(architectuur / architecture)

Met dank aan het aangename klimaat in Bogotá ontwikkelen beide afstudeersters een reeks van kleine interventies in de stad waarbij de openbare ruimte zodanig wordt ingericht dat ze plaats biedt aan activiteiten die passen bij de behoefte van de bewoners en de traditie van de stad. Er wordt bijvoorbeeld voorzien in faciliteiten voor straatverkopers en schoenpoetsers. Het is een interessant place-making experiment dat goede aanknopingspunten biedt voor het oplossen van de heersende problemen van de stad. Hiermee biedt het plan een waardevol scala aan invalshoeken om het functioneren van de openbare ruimte en het vergroten van de sociale samenhang te stimuleren. Het plan omvat waardevolle analyses en een waardevol systeemonderzoek. Het plan overtuigt op de schaal van de afzonderlijke interventies, maar minder op het hogere schaalniveau. Het wordt niet duidelijk of de ambitie slaagt om de grootstedelijke problemen doeltreffend aan te pakken met de reeks kleinschalige interventies ofwel cooperative commons. Het zou daarom interessant zijn als het plan een vervolg zou krijgen waarin de effectiviteit van de voorgestelde ingrepen wordt bewezen.

Aided by the agreeable climate in Bogotá, the two graduates developed a series of small interventions in that city, fitting out the public space so as to make room there for activities that meet the needs of the inhabitants and the tradition of the city. There are, for example, facilities for street vendors and shoeshine boys. It is a fascinating place-making experiment that provides opportunities for solving the problems prevailing in the city. In this sense, the project presents a valuable range of angles of approach from which to stimulate the performance of that public space and increase its social cohesion. The analyses and study of the system are equally valuable. The project convinces at the scale of the individual interventions but less so at the macro scale. It is not clear whether it succeeds in effectively tackling the problems of the metropolis with the series of small-scale interventions or cooperative commons. It would be interesting, therefore, if the project were to have a sequel that demonstrated the effectiveness of the proposed interventions.

031 At the Edge — of the Land, of the Ocean, of Change

Marit Noest, WUR

(landschapsarchitectuur / landscape architecture)

Het onderzoek richt zich op het klimaatbestendig maken van een kustplaatsje in New Jersey dat zwaar getroffen werd door de orkaan Sandy. De locatie is representatief voor de Amerikaanse situatie, de voorgestelde aanpak heeft daardoor ook een meer algemene relevantie. Het is een interessante manier om grip te krijgen op de complexiteit van de opgave. Zeker in de Amerikaanse context waar geen structuur aanwezig is om integrale plannen te realiseren, zoals in ons land gebruikelijk is. Voor die Amerikaanse situatie probeert de ontwerpster een werkbaar alternatief te ontwikkelen. Ze stelt het probleem heel goed aan de orde. Door lokale actoren te betrekken bij het vinden van oplossingen wordt een goede koppeling gemaakt tussen de ideeën van de gebruikers en de concrete oplossingen. Er wordt daarbij op een vernieuwende manier gebruik gemaakt van het medium film. Zelf noemt ze het academisch filmmaken. Een documentaire op basis van interviews met betrokkenen is agenderend voor het vakgebied en wordt ingezet voor het verder ontwikkelen van concrete oplossingen waarbij de belangen van alle betrokkenen bediend worden. Het ontwerp zelf steekt daarbij wat mager af. De voorgestelde oplossing, met onder andere het verbreden en versterken van de duinstrook en het inzetten van de bebouwing in de kustverdediging, is niet revolutionair en de effectiviteit ervan wordt niet op overtuigende wijze aangetoond. Het begeleidende rapport geeft een veel beter inzicht in de kwaliteiten van het plan dan de tentoongestelde panelen.

The study is about making a small coastal town in New Jersey stormproof, after having being badly hit by Hurricane Sandy. The location is representative of the American situation, so that the proposed approach has a more general relevance. It is an interesting way of getting to grips with the complexity of the task. This is particularly so in the American context which, unlike ours, lacks the structure to get integrated projects in place. In this American situation, the designer seeks to develop a workable alternative and presents the problem clearly. By involving local actors in finding solutions she forges a strong link between the ideas of the users and the actual solutions. This she does through an innovative use of the medium of film, academic filmmaking as she calls it. A documentary made on the basis of interviews with stakeholders sets the agenda for the discipline and is used to further develop relevant solutions that serve the interests of all those involved. The design itself is a little on the skimpy side. The proposed solution, which includes broadening and strengthening the strip of dune and incorporating buildings on site into the coastal defence, is nothing new and its effectiveness in this case is not demonstrated convincingly. The accompanying report gives a much better understanding of the project's qualities than the exhibited panels.

034 A Bigger Wall — frames of Addis Ababa

Andrea Migotto, TU Delft (architectuur / architecture)

Het plan presenteert een infrastructuur van een enorme reeks dragende wanden gegroepeerd langs de periferie van een superblok in Addis Ababa. Daarmee wil de ontwerper de bewoners van de sloppenwijken aanknopingspunten bieden voor de verbetering van hun leven. Bovendien hebben de wanden een stedenbouwkundige functie, ze vormen frames die de nieuwe buurten van Addis definiëren. De ontwerper heeft de ambitie om met deze infrastructuur tegemoet te komen aan de noden van de lagere klassen uit de sloppenwijken. Aan het ontwerp gaat een uitgebreid vooronderzoek vooraf dat zich onder meer concentreert op het in kaart brengen van woontypologieën in een aantal steden. Het onderzoek heeft vooral een inventariserend karakter, het ontwerp wordt er niet op overtuigende wijze door gemotiveerd en onderbouwd. Zo blijft het onduidelijk of de op zichzelf fascinerende oplossing ook daadwerkelijk het gewenste aanknopingspunt biedt voor het toekomstperspectief van de bewoners van de huidige sloppenwijken. Of de beukmaat van 2 meter op de benedenverdiepingen voldoende bruikbaar is een vraag die onbeantwoord blijft. Ook de klimatologische kwaliteiten van het ontwerp worden niet toegelicht. Los daarvan is de architectuur interessant en is het goed denkbaar dat het plan een bijdrage kan leveren aan het structureren van de chaos in de stad en is het eveneens voorstelbaar dat het een zekere potentie heeft voor de bewoners.

The project presents the infrastructure of an immense series of structural walls grouped along the periphery of a superblock in Addis Ababa. With it the designer wants to offer the city's slum dwellers stepping-off points from which to improve their lives. The walls also perform an urban duty by forming frames that define the new neighbourhoods of Addis. The designer intends that this infrastructure should address the needs of the lower classes living in the slum areas. The design was preceded by an in-depth study whose focus included mapping dwelling types in a number of cities. As the study is largely given over to taking stock, the design is not convincingly accounted for and underpinned. For example, it remains unclear whether the solution, although fascinating in itself, really does offer opportunities for a better future for the occupants of today's slum areas. The question of whether the bay width of 2 metres is workable on the lower floors is left unanswered. The climate control aspects in the design are not explained either. These points aside, the architecture is impressive and it is quite conceivable that the project could contribute towards structuring the chaos in the city and it is equally conceivable that it would make some difference for the slum dwellers.

037 Frame-of-frames

Maria Alexandrescu, TU Delft

(landschapsarchitectuur / landscape architecture)

Het landschapsarchitectonisch afstudeerplan onderzoekt de framing van het landschap in een ontwerp voor het gebied rond het parlementspaleis gebouwd door Ceaușescu in Boekarest. Dit is een van de grootste gebouwen ter wereld, volledig uit schaal met de omgeving. Het plan beoogt dit schaalprobleem aan te pakken en bovendien de ruimtelijke samenhang in het centrum van de stad te verbeteren. Het onderzoeksdeel van het project is van een hoog niveau. De verschillende lagen van het plangebied worden goed onderscheiden en onderzocht. Op basis van het onderzoek worden vier middelen ontwikkeld waarmee de stad weer verband krijgt. Met het concept van de frames kiest de ontwerpster een interessante benadering. Het ontwerp is op onderdelen wat rigide. Het slaagt wel in de opzet om verband in de stad te brengen en de aanwezigheid van het paleis te verzachten door het op te nemen in een bosstrook. Sympathiek is de vergroening van de stad en het opnemen van functies als een boomgaard die passen bij de geschiedenis van de stad en haar bewoners.

This landscape architecture project explores landscape framing in a design for the area around the Palace of the Parliament in Bucharest. Erected by Nicolae Ceaușescu, this is one of the world's largest buildings and utterly out of scale with its surroundings. The project seeks to tackle this issue of scale as well as improve the spatial cohesion in the city centre. The research component of the project is top notch, with the different layers of the planning area skilfully distinguished and researched. Stepping off from this study, four resources were developed to bring unity to the city. The designer has chosen an intriguing approach with the frame concept. The design itself is a little rigid in places. That said, it works well in its intention of bringing cohesion to the city and mitigates the presence of the palace by incorporating it in a wooded area. A sympathetic touch is the greening of the city and the inclusion of elements, including an orchard, that sit well with the history of Bucharest and its inhabitants.

040 Inclusive Hackney

Barend Mense, AvB Rotterdam (stedenbouw / urban design)

Het afstudeerplan is gelokaliseerd in de Londense wijk Hackney. In dit gebied dreigt de voortschrijdende gentrificatie de lokale variatie aan bewoners en gebruikers te vervangen door een monocultuur. De ontwerper ontwikkelt een toolset om de kwaliteiten van het gebied te bewaren en op basis van de aanwezige potenties een levendige veelkleurige wijk te realiseren waar zowel wonen als werken en onderwijs een plaats krijgen. Het plan snijdt hiermee een uiterst relevant onderwerp aan. De degelijke analyse van de ontwerper adresseert zowel het woonprobleem als de problematiek van de productie. Hij ontwikkelt een licht planningsraamwerk dat voortborduurt op de regels die de voormalig burgemeester Ken Livingstone opstelde om de belangen van de verschillende bewoners en gebruikers veilig te stellen. Dat lijkt een zinvolle strategische insteek. De heldere presentatie schetst bovendien een aantrekkelijk toekomstbeeld. Het plan laat echter ook een aantal vragen onbeantwoord; zo wordt niet duidelijk uitgelegd waarom deze strategie hier zou kunnen werken zonder dat de ontwikkelaars hun kans grijpen en de exclusiviteit ook hier toeslaat.

This urban design project is located in the London borough of Hackney. Here the advancing gentrification threatens to replace the local mix of residents with a monoculture. The designer has developed a toolkit to preserve the local qualities and generate a vibrant and variegated area based on the potentials on site, where dwelling as well as work and education regain their rightful place. This sees the project broaching an extremely relevant subject. The designer's well-grounded analysis addresses both the residential issues and those relating to production. He has developed a lightweight planning framework that elaborates on the rules drawn up by former mayor Ken Livingstone to safeguard the interests of the different residents and users – a most worthwhile course of action. The lucid presentation goes on to outline an attractive view of Hackney in the future. That said, the project leaves a number of questions unanswered: for example, there is no clear explanation as to why this strategy could work here without the developers moving in, resulting in gentrification after all.

043 Nieuw Leven voor de Dood / New Life for Death

Michael van Bergen, AvB Amsterdam

(architectuur / architecture)

Aan het Marnixplantsoen in Amsterdam, te midden van het stedelijk leven van de stad, projecteert de ontwerper een verticale begraafplaats. Hij slaagt daarmee in zijn bedoeling om de dood en de rituelen van de begrafenis terug te brengen en zichtbaar te maken in de stad. In een wijdlopig zeer persoonlijk onderzoek dat meer het karakter heeft van een activity report, wordt de basis gelegd voor het ontwerp. Het levert geen gedetailleerd programma van eisen op, wel is het positief dat de ontwerper erin stelling neemt en van daaruit het plan uitwerkt. De presentatie omvat twee schitterende maquettes die bijna eerder een doel op zich lijken dan een representatie van het ontwerp. Zo wordt tot in detail de materialisatie van de maquettes uitgelegd terwijl het ontwerp vrij schematisch blijft. De ontwerper snijdt een interessant thema aan en definieert met zijn plan een nieuwe typologie. De situering van de functie in de stad is prima. De combinatie van een openbare route door het gebouw naar boven in combinatie met de begrafenisrituelen die er plaats vinden is sterk, al wordt het niet goed duidelijk hoe het ritueel zijn plek krijgt in het complex.

On Marnixplantsoen in Amsterdam, in the middle of city life, the designer has projected a vertical cemetery. In this respect, he is successful in his intention of reinstating death and funeral rites as a visual component of the city. A wide-ranging and extremely personal study that comes closer to an activity report lays the basis for the design. Although this fails to generate a detailed brief, it is positive in the sense that the designer adopts a stance on the basis of this study and works up the project from there. The presentation comprises two superb models that almost seem more an end in themselves than a representation of the design. If the material form of the models is explained in great detail, the design itself remains somewhat sketchy. Its designer has broached an interesting subject, defining a new typology with his project. Its position in the city is apposite. The combination of a public route up through the building and the funeral rites is compelling, although it is not entirely clear exactly how those rites have a place in the complex.

046 **Parkway Drive**

Jan Willem Terlouw, AvB Rotterdam
(architectuur / architecture)

De inpassing van het nieuwe snelwegtracé in het landschap aan de noordrand van Rotterdam tussen de A13 en de A16 vormt het onderwerp van dit afstudeerplan. Het is een uiterst relevante opgave. Niet alleen vanwege de ruimtelijke kwaliteit van het gebied dat de stad verbindt met het open gebied, ook vanwege de technische ontwikkelingen van het autoverkeer is het zinvol om het vraagstuk fundamenteel te onderzoeken. De ontwerper stelt terecht een integrale benadering voor waarbij de infrastructurele en de landschappelijke aspecten in hun onderlinge samenhang aan bod komen. Het onderzoek is interessant maar niet heel fundamenteel. Als architect richt hij zich vervolgens vooral op het ontwerp en de vormgeving van de weg in het landschap. Gekozen wordt daarbij voor een expressieve op de Gotiek geïnspireerde vormentaal. Dat levert een spectaculaire ruimtelijkheid op. Het plan krijgt daarmee een heel persoonlijk karakter, waardoor het geen algemene geldigheid krijgt. Het plan laat wel de potentie zien van een aanpak waarbij de aandacht verschuift van de techniek en de economie naar de beeldkwaliteit. Het is duidelijk dat daar nog een wereld is te winnen.

This graduation project seeks to insert a new motorway trajectory in the landscape on the northern edge of Rotterdam between the A13 and the A16. This is a highly relevant brief. It makes sense to examine this issue thoroughly, not just because of the spatial quality of this area linking the city and the open landscape but also because of technological developments relating to traffic. The designer rightly proposes an integrated approach that addresses the way aspects of infrastructure and landscape relate. The study is interesting but not particularly profound. As an architect, the entrant then concentrates on the design and the form the road takes in the landscape. The formal idiom he chooses is expressive and Gothic in inspiration, hence its spectacular spatial quality. This gives the project a highly personal slant so that it lacks a general validity. It does reveal the potential of

an approach that shifts attention from technology and economics to visual quality. Clearly, there is a lot more to be done in this field.

049 **Patchwork**

Manon Deijkers, TU Eindhoven (architectuur / architecture)

Voor de krimpstad Heerlen zoekt het plan naar een strategie die de binnenstad weer aantrekkelijk maakt om er te gaan wonen. Een lastige opgave, maar de ontwerpster neemt je in haar onderzoek mee in een alternatieve methode om de stad te revitaliseren. Het plan ontwikkelt de charme van de achterkant van de stad, hier ruim voorhanden, als een potentie die kan leiden tot een nieuwe kwaliteit. Op zes verschillende plekken worden met een uiterste precisie casestudies uitgewerkt. Mooie woningen met uitgekiende plattegronden nestelen zich aan het binnenterrein en introduceren daar een nieuwe kwaliteit die aanstekelijk kan werken en zo andere initiatiefnemers kan inspireren om daar ook te gaan (ver)bouwen. In die zin is het een erg interessant 'tegenplan' met een lokale aanpak als alternatief voor sloop en grootschalige nieuwbouw. Toch blijft het de vraag of de voorgestelde aanpak voldoende schaal kan krijgen om het gewenste effect voor de stad als geheel te genereren.

This project seeks a strategy that would once again make the inner area of Heerlen, a city marked by shrinkage, an attractive place to settle. Although a difficult task, the study made by the designer takes us through an alternative method of revivifying Heerlen. The project treats the charm of the back end of the city, very much in evidence in Heerlen, as a potential that can lead to a new quality. It develops case studies with the utmost precision at six different sites. Attractive dwellings with sophisticated floor plans nestle against courtyards where they introduce a new quality that is to attract and inspire others to build or refurbish there. In that sense, it is a most intriguing 'counter-plan' with a local approach as an alternative to demolition and wholesale new build. Even so, it is debatable whether the proposed approach can attain a scale large enough to generate the desired effect for the city as a whole.

052 **De school binnenste buiten**

Nina Schouwman, AvB Groningen (architectuur / architecture)

Het afstudeerplan presenteert een gebouw voor een basisschool waarin een scala aan natuurlijke principes wordt ingezet om het binnenklimaat te optimaliseren. Het is een bijzonder interessante exercitie om op fundamentele wijze het bouwfysische concept voor een basisschool te ontwikkelen vanuit natuurlijke, in het gebouw geïntegreerde passieve maatregelen. Daarbij is bovendien gezocht naar een differentiatie in het binnenklimaat. Met verschillende klimaatzones binnen een lokaal wordt tegemoetgekomen aan individuele behoeften van leerlingen. Voor een basisschool met klassikaal onderwijs is dat geen eenvoudige opgave. Het toegepaste systeem is echter goed uitgezocht en de laatste inzichten met betrekking tot het binnenmilieu zijn in het plan verwerkt. Interessant is dat onderdelen van het klimaatsysteem zoals de warmtewanden opgenomen zijn in de ruimtelijke structuur van het schoolgebouw. Dit onderdeel van het plan, de integratie van het klimaatsysteem in de architectuur van het gebouw, blijft enigszins schematisch en zou nog een stap kunnen maken.

The project presents a building for a primary school in which a whole range of natural principles are brought to bear to make the most of the indoor climate. In what is a most compelling exercise, its designer has developed a comprehensive building performance concept for a primary school, drawing on natural passive measures integrated in the building. The project also seeks to differentiate within the indoor climate, with differing climate zones in a single classroom catering to individual pupil needs. This is no easy matter in a primary school with classroom-based education. However, the system as applied has been thoroughly investigated and the latest insights into the indoor environment have been worked into the project. An interesting aspect is that parts of the climate control system, such as the thermal walls, have been taken up in the building's spatial structure. This part of the project, integrating the climate control system into the building's architecture, remains somewhat rudimentary and could be taken a step further.

055 Roseform

Martins Duselis, AvB Rotterdam (architectuur / architecture)

Sinds 1985 ligt een groot terrein boven de treintunnel in Rotterdam Zuid braak. Dit project stelt voor om daar verandering in te brengen door hier een serie gebouwen te realiseren. Het streven is onder meer om de omliggende buurten met elkaar te verbinden, wat een uitstekend idee is. Inspiratiebronnen daarbij zijn de stedenbouwkundige plannen die stadsarchitect Rose in de 18e eeuw tekende voor Rotterdam Zuid en de theorie van de Grossform van O.M. Ungers. De titel van het plan verwijst naar beide inspiratiebronnen. In een helder rapport worden de achtergronden belicht. De aanheling van de stedenbouwkundige structuur werkt goed, maar in de uitwerking weet het plan niet te overtuigen. Het ontwerp blijft schematisch en de woningtypologie is niet sterk. Het bouwen van de hoogste volumes op de tunnel lijkt constructief en economisch niet realistisch.

Since 1985, a large tract of land above the train tunnel in Rotterdam Zuid has been lying vacant. This project seeks to redress that state of affairs by erecting a series of buildings there. One of its objectives is to stitch together the surrounding neighbourhoods, an excellent idea in itself. The twin sources of inspiration for Roseform are the urban plans drawn up for Rotterdam Zuid by town architect W.N. Rose in the eighteenth century and O.M. Ungers's theory of Grossform. The project's title refers to both sources. A lucid report explains the history of the area. The strategy to patch up the urban structure works well in theory but fails to convince when developed in the design. The design as a whole remains somewhat rudimentary and the housing typology is below par. Lastly, placing the tallest volumes atop the tunnel strikes the jury as being unrealistic, structurally as well as economically.

058 Tour de Curiosité

Nadine Nievergeld, AvB Maastricht
(architectuur / architecture)

Met het plan voor een huis voor een vrouwelijke verzamelaar in Luik introduceert de ontwerpster een nieuwe typologie van museum, depot en woonhuis tegelijk. Het is een interessante persoonlijke exercitie. De locatie en de functie worden in het onderzoek helder geanalyseerd. De onderzoeksresultaten worden echter niet uitgewerkt tot een specifiek programma van eisen, ook de verzameling wordt niet gedefinieerd. Het ontwerp heeft een hoge ruimtelijke kwaliteit. De vraag blijft echter welke verzameling er aanwezig is, hoe daaraan gewerkt wordt en hoe die tentoongesteld wordt, ofwel hoe functie van depot en museum gestalte krijgen in combinatie met het wonen en wat de kwaliteit daarvan is. De manier waarop het gebouw zich presenteert in de stad is interessant, het voegt een intrigerend element toe aan het stedelijk beeld.

With this project for a house for a female collector in Liège, the designer has introduced a new typology of museum, depot and house in one. An intriguing personal exercise, its location and function are lucidly analysed in the study. However, the results of the study are not worked up into a specific brief, nor is the collection described at any point. The design itself is of a high spatial quality. Regrettably, there is no explanation of what is being collected and how it is worked on and exhibited. Nor is there anything about the form the twin duties of depot and expo take in combination with the dwelling component and about the quality that combination possesses. The way the building is presented is thought-provoking and adds an intriguing element to the cityscape.

061 Subtractive Affinities

Dirk van der Meij, TU Delft (architectuur / architecture)

Het ontwerp betreft een hotel voor de bezoekers van een onderzoekscentrum naar glas, gesitueerd in een groeve in Istanbul. De mooie maar weinig toegankelijke presentatie geeft de inhoud van het project niet meteen prijs, hetgeen ook samenhangt met de complexiteit van het plan. Bij nadere bestudering blijkt er een origineel idee achter schuil te gaan dat overigens niet uitstijgt boven de eigen fascinatie van de ontwerper. In de toelichting wordt een goed klassiek verhaal opgebouwd. De vele referenties maken het wel ingewikkeld. De locatie van de groeve wordt goed geanalyseerd. Het stedelijk grid van Istanbul wordt vervolgens doorgetrokken over de groeve en is medebepalend voor de opbouw van het hotel. De functies krijgen een plek in een viertal uitgegraven kavels. Daarnaast spelen observaties met betrekking tot de materialiteit en de locatie een rol. Er zijn kortom vele invalshoeken van waaruit uiteindelijk een compleet en goed doorgewerkt ontwerp wordt ontwikkeld.

The design is for a hotel for visitors to a glass research centre located at a quarry in Istanbul. The beautiful but none too accessible presentation is slow to reveal the contents of the project, whose complexity is an additional obstacle. A closer look shows that the project is informed by an original idea, although this fails to rise above the designer's own fascination. The design account is a well-worded conventional narrative, although the many references do tend to complicate it. The site of the quarry is analysed well. Next, Istanbul's city grid is extended across the quarry where it helps to define the structure of the hotel, whose duties are divided among four excavated plots. Other contributing factors include observations relating to the material form and the location. In short, there are many angles of approach which ultimately combine to create a complete and well-grounded design.

064 Het spel van de architectonische grammatica/ The Play of Architectural Grammar

Leonie van Buuren, TU Eindhoven (architectuur / architecture)

Het afstudeerproject bestaat uit een uitgebreid onderzoek naar de architectuur van gevels uit de Italiaanse Renaissance gevolgd door een ontwerpend onderzoek en een ontwerp. Het project concentreert zich op de gevel ofwel de grammatica van de expressie. De conclusies van het onderzoek worden toegepast in het ontwerp van vijf gevels voor de vervallen hoofdstraat van het vestingstadje Sabbioneta in Noord-Italië. Het project wordt in zijn volle omvang gepresenteerd in een lijvig boekwerk, de presentatie op de panelen steekt daarbij mager af. De ontwerpster voert een interessante exercitie uit door de ervaring van de Renaissance architectuur over te brengen naar de huidige tijd door middel van een aantal personages waarvan de karakters gekoppeld zijn aan de vijf zuilenordes uit de Renaissance. Deze personages vormen de hoofdpersonen in een novelle die speelt in de hoofdstraat van Sabbioneta en die als een intermezzo in verschillende delen door het rapport heen is weergegeven. Het onderzoek tracht 'het effect bloot te leggen dat bereikt kan worden door de toepassing van de architectonische grammatica, het mentale effect'. Dat doel zou logischerwijs gestalte moeten krijgen in het ontwerp. Mede door de complexe vorm waarbij men de personages in de novelle nodig heeft om het ontwerp te kunnen ervaren is het lastig om inzicht te krijgen in het plan dat zich bovendien beperkt tot de gevels waardoor er nauwelijks sprake is van een ruimtelijk ontwerp.

This graduation project combines an in-depth study of the architecture of facades in the Italian Renaissance with a research by design study and a design. The project focuses on the facade, or the grammar of expression. The conclusions of the study are then applied in a design for five facades in the dilapidated main street of the fortified town of Sabbioneta in Northern Italy. Every facet of the project is presented in a voluminous tome that puts the presentation on panels in the shade. The designer has engaged in a compelling exercise by transporting the experience of Renaissance architecture to our own time using a number of players whose characters are linked to the five architectural Orders from the Renaissance. These players are the main figures in a novella enacted in the main street of Sabbioneta and keep appearing throughout the report as an intermezzo. The study seeks to 'expose the effect that can be achieved by applying the architectural grammar, that is, the mental effect'. Logically, this should be reflected in the design. Partly because of the complex form – the observer needs the figures in the novella to be able to experience the design – it is difficult to gain insight into the project, which additionally is limited to elevations, so that there is little if anything of a spatial design.

067 **Voor altijd op reis**
Sweder Spanjer, AvB Amsterdam (architectuur / architecture)

Met een zeer persoonlijk plan presenteert de ontwerper een hospice in de duinen van Terschelling. Het is de bedoeling dat de stervende daar de laatste tijd doorbrengt te midden van familie en natuur, bijna als vroeger tijdens vakanties. Het idee wordt op overtuigende wijze in een ontroerende tekst verteld. Het goed gedefinieerde programma krijgt in het ruimtelijk ontwerp niet geheel overtuigend zijn plaats. Zo lijkt de hermetische centrale ruimte minder trefzeker. Datzelfde geldt voor de karikaturale personages die figureren in de perspectieftekeningen en een merkwaardig contrast vormen met de zwaarte van het onderwerp. De gedurfde vormentaal in combinatie met een mooie materialisatie overtuigt wel.

In this highly personal project, the designer presents a hospice in the dunes of Terschelling. His intention is that the terminally ill spend their last days there surrounded by family and nature, much like the holidays they once spent there. The idea is convincingly related in a moving document. The well-defined programme gets a less convincing translation into the spatial design. For one thing, the hermetic central space is not as persuasive. The same holds for the cartoon-like characters that figure in the perspective drawings and present a remarkable contrast with the weight of the subject matter. What does convince is the audacious formal idiom combined with an attractive application of materials.

070 **The Isolated Landscape and the Manmade**
Aidan Conway, TU Delft (architectuur / architecture)

Het zeer doorwrochte afstudeerplan exploreert de verhouding tussen een kunstmatig object en een afgelegen landschap. Het plan is gericht op het ontwikkelen van een ontwerpbenadering voor de afgelegen landschappen van Mayo in Ierland. Een diepgravend academisch onderzoek naar de stad gezien vanuit het landschap en het landschap vanuit de stad gaat vooraf aan vier ontwerpen van objecten in het landschap van Mayo. De fascinatie van de ontwerper voor het landschap komt goed tot uitdrukking in de verstilde ontwerpen en ook in de schitterende presentatie. In het plan speelt de perceptie van de mens van het landschap en het object een belangrijke rol. Het is de ambitie van de ontwerper om een moment van openbaring te bereiken, zoals het zich bijvoorbeeld voordoet als men bij het beklimmen van een Inkatempel uitstijgt boven het dichte regenwoud. Dan verandert het bladerdak in een tapijt en openbaart zich de hemel. Een dergelijke ervaring is in het ontwerp niet navoelbaar, de verbeelding van de confrontatie met en de beleving door de bezoeker wordt in de presentatie niet inzichtelijk gemaakt. Dat neemt niet weg dat het plan intrigeert door de poëzie van zijn prachtige volumes geprojecteerd in de spectaculaire landschappen van Mayo.

This exceedingly well-wrought graduation project explores the relationship between a manmade object and an isolated landscape. The project seeks to develop a design approach to the isolated landscapes of Mayo in Ireland. A probing academic study into the city seen from the landscape and the landscape seen from the city precedes four designs for objects in the landscape of Mayo. The designer's fascination with landscape is well expressed in the muted designs and in the stunning presentation. Our perception of landscape and object is at the forefront of the project. The designer's ambition is to attain a revelatory moment, such as occurs on climbing an Inca temple to rise about the dense rainforest. Then the canopy becomes a carpet and the sky opens up. Such experiences are not palpable in the design, the presentation failing to give an understanding of the image of confrontation with the observer and with the observer's perception. That aside, the project fascinates in the poetry of its magnificent volumes projected onto the spectacular landscapes of Mayo.

073 **De Steenfabriek, een deconstructie** / Brickworks: A Deconstruction
Steffie de Gaetano, TU Eindhoven (architectuur / architecture)

Het afstudeerontwerp betreft de herbestemming tot hotel van de steenfabriek Elden, gelegen aan de Neder-Rijn in Meinerswijk bij Arnhem. Aan het goed gepresenteerde ontwerp gaat een grondig onderzoek vooraf waarbij de brede context van de opgave wordt betrokken. Van het fenomeen steenfabriek in Nederland tot de locatie en de daar aanwezige artefacten in het landschap aan toe. Het onderzoek bewijst zijn waarde in de kwaliteit van het plan. Voor de herbestemming tot hotel wordt de strategie van de deconstructie ontwikkeld. Die interessante benadering is zichtbaar in het ontwerp voor het hotel waar de nieuwe functie wordt ingepast door het verwijderen van elementen van de fabriek, zo wordt bijvoorbeeld een deel van het dak weggehaald ten behoeve van het restaurant en het terras. De strategie van de deconstructie wordt voortgezet door onderdelen van de steenfabriek te abstraheren en als follies te plaatsen tussen andere artefacten in het omringende landschap. Vooral dit deel van het ontwerp is origineel, de transformatie van elementen uit de historie van de steenfabriek tot objecten als een uitkijktoren leidt tot een poëtische kwaliteit in het gebied. Het ontwerp van de fabriek is vergeleken daarbij wat braaf, een échte ingreep had wellicht ook het hotel een meer uitgesproken identiteit kunnen geven.

This graduation project is about redeveloping the Elden brickworks, on the Neder-Rijn river in Meinerswijk in Arnhem, as a hotel. Preceding the well-presented design is an in-depth study that draws on the broad context of the brief, from the concept of brickworks in the Netherlands to the location and the artefacts found there in the landscape. The study proves its worth in the project's superior quality. A strategy of deconstruction has been developed to reallocate the brickworks as a hotel. This intriguing approach can be read in the hotel design, where the building's new duty is assimilated by removing elements of the factory, for example getting rid of part of the roof to facilitate the restaurant and the terrace. The deconstruction strategy is further enhanced by abstracting components of the brickworks and siting them as follies among the other artefacts in the surrounding landscape. This is a particularly original part of the design: transforming elements from the factory's history into, for example, an observation tower adds a poetic quality to the locality. The factory design is somewhat meek in comparison; a full-on intervention might have given the hotel a stronger identity.

 / Honourable Mention

076 **A home for the displaced**
Anneloes de Koff, TU Delft (architectuur / architecture)

Het plan voorziet in een modulair bouwsysteem dat kan worden ingezet voor de huisvesting van asielzoekers. Het systeem is flexibel waardoor het toegepast kan worden voor de opvang van een fluctuerende vluchtelingenstroom. Het plan snijdt een actuele opgave aan en levert een relevante bijdrage aan de oplossing van het actuele vraagstuk. Met zijn tijdelijkheid en flexibiliteit sluit het naadloos aan bij de opgave. Aan het ontwerp gaat een goed onderzoek vooraf naar de huisvestingsproblematiek. De gekozen oplossing bestaat uit een systeem van vloeren, kolommen, sanitaire units en wanden, waarbij de bewoners zelf de wanden kunnen plaatsen. Het kan worden gebouwd in een bestaand leegstaand gebouw. De uitgewerkte casestudy is gelokaliseerd in de Van Gendthallen in Amsterdam. Omdat er van binnenstedelijke locaties gebruik gemaakt kan worden is er interactie mogelijk tussen stadsbewoners en asielzoekers. Door de flexibiliteit kan het systeem niet alleen goed inspelen op de verschillende locaties waar het opgebouwd wordt, het kan ook aangepast worden aan de behoeften van de bewoners die hun unit zelf kunnen indelen. Het systeem kan niet alleen voorzien in een variëteit aan woonunits, er kunnen ook allerhande andere ondersteunende functies in gehuisvest worden. Het plan omvat onder meer repair cafés, verkooppunten en ondersteunende functies. Er is bovendien goed nagedacht over de technische voorzieningen het is een echt integraal ontwerp. Al met al is het goed voorstelbaar dat het systeem werkt en de ambities van de ontwerpster waarmaakt.

The project constructs a modular building system that can be used to house asylum seekers. The system is flexible so that it can be applied to a fluctuating influx of refugees. The project broaches a topical brief and makes a relevant contribution towards resolving this pressing issue. In its timelessness and flexibility it is in perfect keeping with the brief. The design is preceded by a well-wrought study into the problems of accommodation. The chosen solution proposes a system of floor slabs, columns, sanitary units and partitions, the last-named to be positioned by the occupants themselves. The system can be assembled in an existing vacant building. The developed case study is located in the Van Gendt factory sheds in Amsterdam. This inner urban site would

encourage interaction between city-dwellers and the asylum seekers. Its flexibility means that the system not only responds to the different locations where it is assembled but also can be adapted to the needs of its residents, who are able to divide up their unit as they see fit. The system is not only able to provide a variety of dwelling units but can also accommodate all kinds of supportive functions, including repair cafés and selling points. A lot of thought has gone into the technical services of what is a truly integrated design. Altogether, it is perfectly conceivable that the system works and the designer's intentions are made good.

 / Honourable Mention

080 **Hommage au Borinage**
Giel Sengers, AvB Arnhem (architectuur / architecture)

In een persoonlijke zoektocht ontwikkelt de ontwerper een schuilplaats voor langeafstandswandelaars in een van de 1100 terrils (bergen van mijnafval) langs de 220 kilometer lange wandelroute door de Borinage in België. Het is zijn bedoeling om de sfeer van de mijn en de grimmigheid van de streek voelbaar te maken in het onderkomen. Dit mede omdat de mijnen zelf niet meer toegankelijk zijn. Hij slaagt erg goed in zijn opzet. De trots op het moeizame en zware mijnverleden is mooi vertaald in de overnachtingsplek die de sfeer in de mijnen invoelbaar maakt. Mede door de aandacht voor tactiliteit en ruimtelijke beleving is het een krachtige belevingsmachine geworden die de bezoeker meeneemt in een gevoel voor het mijnverleden. Het mysterie van het landschap is goed getroffen. Het plan is vrij eenvoudig maar de ontwerper heeft de opgave wel volledig onder controle, hetgeen onder meer blijkt uit de prachtige maquette. Het plan maakt duidelijk hoe sterk architectuur kan werken in het oproepen van een gevoel.

On a personal quest, the designer has developed a shelter for long-distance hikers in one of the 1100 terrils (mountains of mining spoil) along the 220-kilometre-long walking route through the Borinage region in Belgium. His intention is to make the atmosphere of the mine and the grim nature of the region palpable in the shelter. This is partly because the mines themselves are no longer accessible. And in this he succeeds admirably. A pride in the arduous and oppressive mining past is beautifully rendered in the overnight shelter, which conjures up the atmosphere of the former mines. Partly because of its attention to the tactile and to spatial perception, the project is a powerful experiential machine that gives the visitor a sense of the mining past. The mystery of the landscape has been captured perfectly. The project is fairly simple but the designer has his brief completely under control, as evidenced by the superb model. Hommage au Borinage makes clear just how powerful architecture can be in evoking a feeling.

 / Honourable Mention

084 **Ivalo River Sandbanks**
Laura Langridge, TU Delft (architectuur / architecture)

Het afstudeerplan presenteert een drietal gebouwen in de uiterwaarden van de Ivalo-rivier in het noorden van Finland. De bouwwerken sluiten naadloos aan bij het dynamische landschap. De met de seizoenen sterk wisselende klimatologische omstandigheden in combinatie met de periodieke overstromingen van de rivier zorgen voor extreme condities. De cultuur van de lokale bevolking is sterk verweven met de dynamiek van de rivier. De ontwerpster slaagt op overtuigende wijze in haar opzet om een nieuwe architectonische typologie te ontwikkelen die is toegesneden op de geschetste context. Aan het ontwerp gaat een uitgebreid onderzoek vooraf. De geschiedenis en de hoedanigheid van het landschap en de rivier worden nauwgezet in kaart gebracht. Daarnaast is er veel aandacht voor de materialisatie. Het ontwerp concentreert zich sterk op het maken van gebouwen in relatie tot de natuur. Deze relevante architectonische opgave wordt prachtig uitgewerkt. De gedifferentieerde materialisatie met een stevige basis van beton en natuursteen in combinatie met de toepassing van hout in de lichte opbouw is prachtig. Wel was in deze context wat meer aandacht voor de bouwfysische en energetische aspecten op zijn plaats geweest.

This graduation project presents a trio of buildings in the flood plains of the Ivalo River in the north of Finland. These buildings slot seamlessly into the dynamic landscape. Seasonal changes combined with the river's periodic inundations bring extreme weather conditions. Local culture is tightly interwoven with the river's dynamics. The designer succeeds convincingly in her quest to develop a new architectural typology tailored to the context in question. The design was preceded by an extensive study that charts the history and character of the landscape and the river in great detail. The designer has given much thought to the material form. Her design concentrates primarily on constructing buildings in relation to nature. This relevant architectural brief has been worked up magnificently. The differentiation in materials – a sturdy base of concrete and stone with a lightweight wood construction above – is a thing of wonder. Given the context, the designer would have done well to focus a little more on aspects of building performance and energy.

 / First prize

088 Design & Build: From Landscape to Roofscape

Laura Strähle, Ellen Rouwendal, TU Delft
(architectuur / architecture)

Met de ambitie om positieve ontwikkelingen in gang te zetten in arme gebieden worden kleinschalige interventies ontworpen en uiteindelijk, na het formele afstuderen maar daar nadrukkelijk onderdeel van, ook gebouwd. Daarmee is de titel van het project verklaard, maar het doet in feite meer, want aan het ontwerp gaat een gedegen onderzoek vooraf. Zo is er ter plekke in het gebied rond het Victoriameer onderzoek gedaan naar de meest geschikte bouwmaterialen. Het gebruik van het gangbare constructiemateriaal, hout van de Eucalyptusboom, leidt tot grote milieuschade. De oplossing wordt gevonden in de aanplant van bamboe dat op korte termijn voldoende constructiemateriaal oplevert. Ook wordt er gesproken met lokale bewoners om te inventariseren waar de behoefte ligt. Alle relevante schaalniveaus worden bij de opgave betrokken, van de grote context tot de detaillering van het bouwsysteem. Het trefzekere onderzoek staat echt ten dienste van het ontwerp, op de juiste momenten in het proces zijn keuzes gemaakt. De beschouwer wordt meegenomen en geënthousiasmeerd in het verhaal, het onderscheidt zich op deze aspecten nadrukkelijk van de overige ingediende plannen. De ontwikkelde theorie wordt in praktijk gebracht in een Design & Build Studio waar een dorpshuis is ontworpen voor het dorpje Okana in West-Kenia met als doel de dorpsgemeenschap te versterken. Samen met lokale arbeiders en vrijwilligers is het project gebouwd. De Design & Build Studio heeft ook de financiering geregeld. Het uitgekiende ontwerp bestaat uit een zelfdragende dakstructuur die op vele manieren geclusterd en ingevuld kan worden. In Okana omvat het dorpshuis een bibliotheek, ICT-faciliteiten en een naaiatelier. De architectuur ademt een aangename sfeer. Het plan is tegelijkertijd spectaculair, relevant en bescheiden. Het plan bewijst dat met dienende architectuur een groot verschil gemaakt kan worden, de ontwerpsters slagen daarmee op overtuigende wijze in het realiseren van hun ambitie. De heldere presentatie geeft op overzichtelijke wijze inzicht in alle aspecten van het plan.

For this project, small-scale interventions were designed and eventually built – after its designers had officially graduated but no less a part of the whole – with the intention of initiating positive developments in poor areas. This explains the project's title but it goes further than that, since the design was preceded by a well-grounded study. One of its facets was to assess the most suitable building materials in the region around Lake Victoria. The material most prevalently used, the wood of the Eucalyptus tree, is a source of immense damage to the environment. The designers found the solution in planting bamboo, which provides sufficient building material in the shortest time. They also spoke with locals to find out what their needs were. The brief addresses all the relevant scales, from the context as a whole to the details of the construction system. The felicitous study really is at the service of the design, with decisions made at the right moments in the process. Observers are drawn into the narrative and their enthusiasm kindled, aspects that set this project far apart from all the other entries. The developed theory is put into practice in a Design & Build Studio where a community centre was designed for Okana, a small village in Western Kenya, with the aim of strengthening the feeling of community there. It was built together with a local work force and volunteers. The Design & Build Studio also arranged the financing. The ingenious design consists of a self-bearing roof structure that can be variously clustered and filled in. In Okana the community centre includes a library, ICT facilities and a sewing studio. The architecture has an agreeable ambience. The project is at once spectacular, relevant and self-effacing. It shows that servant architecture can make a big difference, and as a result its designers have succeeded convincingly in realizing their ambition. The lucid presentation gives a good understanding of all aspects of the project.

Archiprix 2017 /
Archiprix 2017

De hogere Nederlandse ontwerpopleidingen op het gebied van de architectuur, stedenbouw en landschapsarchitectuur selecteren jaarlijks hun beste afstudeerplannen voor deelname aan Archiprix. De zesentwintig plannen die voor Archiprix 2017 werden ingezonden geven in al hun verscheidenheid een beeld van de stand van het Nederlandse ontwerponderwijs. De diversiteit is kenmerkend voor Archiprix. Anders dan bij de meeste prijsvragen is er geen sprake van een gezamenlijke opgave. Zowel het schaalniveau, als de behandelde problematiek, als de wijze van presenteren varieert per plan. Aankomend talent wordt vaak voor het eerst door Archiprix gepresenteerd. / Each year the higher institutions that teach architecture, urban design and landscape architecture in the Netherlands select the best graduation plans by their students for submission to Archiprix. The twenty-six plans submitted to Archiprix 2017 present in all their diversity a picture of the state of play in Dutch design education. Such diversity is typical of Archiprix. Unlike most competitions there is no common design task. Scale, issues, presentation - all of these differ per plan. Up and coming talent is often presented for the first time by Archiprix.

De stichting Archiprix is een samenwerkingsverband van alle Nederlandse geaccrediteerde masteropleidingen op het gebied van de architectuur, stedenbouw en landschapsarchitectuur. De stichting is opgericht in januari 1992 en komt voort uit de 'Landelijke Commissie Studentenplannen' die in 1974 op initiatief van de Stuurgroep Experimenten Woningbouw is ingesteld. In 1986 veranderde de Landelijke Commissie haar naam in Archiprix. / The Archiprix Foundation is a collaboration between higher educational institutions in the Netherlands in the fields of architecture, urban design and landscape architecture. The foundation was set up in January 1992 and derives from the 'National Commission for Student Plans' established on the initiative of the 'Steering Committee for Experiments in Domestic Construction'. In 1986 the National Commission changed its name to Archiprix.

Participerende opleidingen zijn/ The institutions taking part are:
- Academie van Bouwkunst Amsterdam/
  Academy of Architecture Amsterdam
- Academie van Bouwkunst Arnhem/ Academy of Architecture Arnhem
- Technische Universiteit Delft: faculteit der Bouwkunde/
  Delft University of Technology: Faculty of Architecture
- Technische Universiteit Eindhoven: faculteit Bouwkunde/ Eindhoven University of Technology: Faculty of Building and Architecture
- Academie van Bouwkunst Groningen/
  Academy of Architecture Groningen
- Academie van Bouwkunst Maastricht/
  Academy of Architecture Maastricht
- Rotterdamse Academie van Bouwkunst/ Rotterdam Academy of Architecture and Urban Design
- Academie voor Architectuur en Stedenbouw, Tilburg/
  Academy of Architecture and Urban Design, Tilburg
- Wageningen Universiteit en Researchcentrum, landschapsarchitectuur/ Wageningen University and Research, landscape architecture group

De Stichting Archiprix kent de volgende doelstellingen:
1. Het bevorderen van de instroom in de ontwerppraktijk van talentvolle ontwerpers die afstuderen aan de Nederlandse opleidingen voor hoger onderwijs op het gebied van architectuur, stedenbouw en landschapsarchitectuur.
2. Het bieden van een podium aan de Nederlandse ontwerpopleidingen waarop zij zich in binnen en buitenland kunnen presenteren.
3. Het bevorderen van de discussie met betrekking tot de inhoud en de kwaliteit van het ontwerponderwijs in Nederland.

The objectives of the Archiprix Foundation are:
1. To promote the influx into the design world of talented designers graduating from Dutch institutions for higher education in the fields of architecture, urban planning and landscape architecture.
2. To offer a platform to Dutch design institutions on which to present themselves both at home and abroad.
3. To further discussion about the content and quality of design education in the Netherlands.

In het kader van deze doelstellingen organiseert Archiprix jaarlijks de jurering, premiëring en presentatie van de beste afstudeerplannen van de deelnemende opleidingen. Deze onderwijsinstellingen sturen daartoe jaarlijks hun beste afstudeerplannen naar Archiprix. Het bestuur van Archiprix benoemt ieder jaar een jury die de ingezonden plannen beoordeelt en de prijzen en/of eervolle vermeldingen toekent. De jury bestaat uit vier deskundigen die elk werkzaam zijn in één van de deelnemende vakgebieden, aangevuld met een theoreticus. Tijdens een prijsuitreiking wordt het juryoordeel bekend gemaakt, worden de plannen voor het eerst tentoongesteld en verschijnt de publicatie van de ingezonden plannen en het juryrapport. / In line with these objectives Archiprix organizes annually the judging, awarding and presenting of the best graduation projects from the participant institutions. These educational institutions consequently send the best of their graduation projects to Archiprix each year. And each year the executive board nominates a jury to judge the submitted plans and award the prizes and/or honorable mentions. The jury consists of four experts each active in one of the fields involved, supplemented by a theoretician. During a Public Meeting the jury's assessment is made known, the plans are shown for the first time and the book containing the submitted plans and the jury report is presented.

Het bestuur van Archiprix bestaat uit vertegenwoordigers van de aangesloten opleidingen, een onafhankelijk voorzitter en een onafhankelijk penningmeester. / The board of Archiprix consists of representatives of the above institutions, an independent chairman and an independent treasurer.

Op 1 april 2017 was de samenstelling als volgt:
On 1 April 2017 the line-up was as follows:

Jacob van Rijs, voorzitter / chairman
Chris van Langen, penningmeester / treasurer, Rotterdam
Madeleine Maaskant, Amsterdam
Ko Jacobs, Arnhem
Dick van Gameren, Delft
Jos Bosman, Eindhoven en / and Maastricht
Berit Ann Roos, Groningen
Marc Glaudemans, Tilburg
Paul Roncken, Wageningen

De stichting Archiprix wordt ondersteund door het Stimuleringsfonds Creatieve Industrie, Hunter Douglas en de Nederlandse ontwerpopleidingen. / The Archiprix Foundation is supported by the Creative Industries Fund NL, Hunter Douglas and the participating design schools in the Netherlands.

Winnaars 1979-2017 / Winners 1979-2017

2017
Ellen Rouwendal
Laura Strähle
Laura Langridge
Giel Sengers
Anneloes de Koff

2016
Katarzyna Nowak
Milad Pallesh
Yuka Yoshida
Francesco Apostoli
Bram van Kaathoven
Hannah Schubert

2015
Abdessamed Azarfane
Gerald Mulder
Francesca Rizzetto
Ivar van der Zwan

2014
Filippo Maria Doria
Jonas Papenborg
Remco van der Togt
Claire Laeremans
Bob L'Herminez

2013
Tara Steenvoorden
Jasper Nijveldt
Niels Groeneveld
Ricky Rijkenberg

2012
Froukje van de Klundert
Herman Zonderland
Ard Hoksbergen
Jorrit Noordhuizen
Inge Kersten
Martijn Schlatmann
Kim Verhoeven

2011
Jan Martijn Eekhof
Thorsten Schneider
Miranda Schut
Ilse Verwer
Wytske van der Veen
Thomas van Nus
Negar Sanaan Bensi

2010
Jeroen Atteveld
Monique Sperling
Fleur Muris
Paul Verhoeven
Zineb Seghrouchni

2009
Dingeman Deijs
Simone Pizzagalli

Servie Boetzkes
Derk van der Velden

2008
Ruud Smeelen
Sander Lap
Anne Seghers
Shany Barath
Gary Freedman
Iwan Westerveen

2007
Jochem Heijmans
Max Rink
Francisco Adão da Fonseca
Saša Rađenović
Marjolijn Guldemond
Francesco Marullo
Ivonne de Nood

2006
Seth de Rooij
Jan Hendrik Bos
Boris Hocks
Bas van Vlaenderen

2005
Furkan Kose
Theo Reitsema
Petra van de Ven

2004
Mark van Beest
Robert Verrijt
Ronald Rietveld

2003
Maarten Terryn
Daniel Casas Valle
Pim Pompen
Peter Masselink
Hiske Wegman
Delano Richardson
Piotr Poniatowski
Yuri Werner

2002
Harm Timmermans
Rob Willemse
William Veerbeek
Ingeborg Thoral

2001
Angie Abbink
Marten de Jong
Gert Anninga
Hans van Loon
Eddy Verbeek
Marco Visser
Hanneke van Wel

2000
Bart Reuser
Marijn Schenk
Jaco Woltjer
Roosmarie Carree
Isabelle Krier
Julietta Zanders

1999
Henk Korteweg
Caspar Slijpen

Jonas Strous
Ellen Marcusse
Marc Polman

1998
Jolai van der Vegt
Fenna Haakma Wagenaar
Patrick Meijers
Hans Moor
Joost Glissenaar
Hedwig Crooijmans
Jan Roozenbeek
Annemieke Diekman

1997
Nikol Dietz
Maarten van der Velde
Alies Rommerts
Peter Keijsers
Karel van Eijken
Nadia Jellouli-Guachati
Gerrit-Jan van Rijswijk

1996
Janneke Bierman
Robbert de Koning
Kamiel Klaasse
Pieter Bannenberg

1994
Emiel Lamers
Marieke Timmermans
Pascal Grosfeld
Christoph Grafe
Rik van Dolderen
Floris le Conge Kleyn

1993
Gerard van Heel
Jan Bruyn
Piet Goud
Katrien Prak

1992
Laurens Jan ten Kate
Patrick Fransen
Jeroen Hoorn
Frits van Loon
Berrie van Elderen
Martin Kleine Schaars
Harmen Otto van de Wal

1991
Marie-José Rijnvos
Roemer van Toorn
Liesbeth Janson
Jos Kramer
Caroline Stegewerns
Peter de Ruyter
Edwin van der Hoeven
Maaike Bos
Teo Bähler
Richard Hendriksen
Gery van Heesch

1990
Juliette Bekkering
Bjarne Mastenbroek
Annemariken Hilberink
Winka Dubbeldam
Jacob van Rijs

Ronno Honingh
Michiel Riedijk

1989
Lars Spuybroek
Jurriaan van Stigt
Jan van der Veen
Ralph Hendrikx
Reinier Nijland
Dick van Gameren

1988
Erik Knippers
Liesbeth van der Pol

1987
Henk Meijer
Lody Trap
Pauline Koppen

1986
Jozef Harten
Albert van den Brink
Ad van Aert
René van Zuuk

1985
Sjoerd Cusveller
Paul Meeuwisse
Ady Steketee
Annette Marx

1984
Freek Riem
Dirk van As
Guido Swart

1983
Wim van den Bergh
Louis Dams
Chris de Weijer
Marc van Leent

1982
Frank van der Linden
Henk Engel
Paul de Vroom
Dolf Dobbelaar

1981
Johan Kappetein
Hans Claessens
Rob van Gemert

1980
Paul Kalkhoven
Hans van Heeswijk
René Jacobs
Stan Cornips
Theo Wisman
Hans de Gruil

1979
Gert-Jan Hendriks
Kees Hund
Aitse van den Bos
Joep Habets
Henk Mihl
Leon Thier
Bouke Verhaagen

Colofon / Credits

Deze publicatie werd mogelijk gemaakt dankzij een
bijdrage van Hunter Douglas. This publication has been
made possible through the support of Hunter Douglas.

Redactie / Edited by
Henk van der Veen

Maquette- en reproductiefotografie / Photos of models and plans
Hans Krüse, Delft

Vertaling / Translation into English
John Kirkpatrick, Rotterdam

Ontwerp / Design
De Vormforensen (Anne-Marie Geurink,
Annelou van Griensven), Arnhem

Druk / Printed by
Die Keure, Brugge

© 2017
Stichting Archiprix
nai010 uitgevers publishers, Rotterdam

Stichting Archiprix / Archiprix Foundation
www.archiprix.nl

nai010 uitgevers publishers
www.nai010.nl

ISBN 978-94-6208-356-1

nai010 uitgevers is een internationaal georiënteerde uitgever,
gespecialiseerd in het ontwikkelen , produceren en distribueren van
boeken over architectuur, beeldende kunst en verwante disciplines.

nai010 publishers is an internationally orientated publisher
specialized in developing, producing and distributing books
in the fields of architecture, urbanism, art and design.

Available in North, South and Central America through
Artbook | D.A.P., 155 Sixth Avenue 2nd Floor, New York, NY
10013-1507, tel +1 212 627 1999, dap@dapinc.com
Available in the United Kingdom and Ireland through Art
Data, 12 Bell Industrial Estate, 50 Cunnington Street, London
W4 5HB, tel +44 208 747 1061, orders@artdata.co.uk

reddot award 2017
best of the best
Designed
to work for you
HunterDouglas
Architectural
www.hunterdouglasarchitectural.eu